禹域神话与岁时令节

李松涛 著

上海三联书店

目录

潜脉静深的四时烟火

程乐松

烟火气的人间，总应该是喧闹的，四时流转之间的悲欢过处，自无一刻静歇。然而，一个悠久文化传统层累的历史深度和经验厚度，会让人相信，所有奔逸汹涌的表象之下定然有静水流深的沉潜，烟火纷繁的日常必自有井然致密的观念纹理。

沉浸于持续喧闹与当下悲欢的人们根本不及省察日用，不知背后的历史与文化，更遑论从浩如烟海、真伪难辨的典籍和传说中细致摸索、不断探究？典籍里的中国与烟火气的神州，这两个看似毫不相及的世界，实际上却是中国文化的一体两面。不能让我们从烟火气的溯源中看到绵延的文化精神，那么典籍就没了活力；相应的，典籍的阅读中如果不能与习焉不察的文化礼俗产生共鸣，那么烟火就缺了灵魂。尴尬的是，在一个职业学术大行其道的时代，烟火与典籍的距离成了学术生产的合法性基础。以俯身而就的方式，让典籍与礼俗在时空、庙宇和礼俗中相互激活，才是这个时代需要的文化姿态。娓娓道来之间的恍然，方能在四时人间，仰望历史的深邃。

一个不争的事实是，我们正在以前所未有的速度疏离我们置身其中的文化传统和精神世界。更为严重的危机是，绝大多数身处这一文化传统中的人们对于切断文化脐带的精神后果缺乏起码的认识，也就没有任何的焦虑。对于一个文明共同体而言，与文化传统割裂带来的效应是以极为缓慢的速度显现出来的，以数个代际为时间跨度，才可以看到传统缺失带来的深刻危机——我们即使能保持温情，也难以沿着自己的生活世界溯源而上，感受自身文化的深沉脉动。从这个意义上讲，大多数远离职业学术生涯的阅读者真正需要的并不是学院式的繁琐和精准，而是带着历史的温情和文化的敬意上下贯通的讲述。

呈现在读者面前的这本书，正是以俯就俗世的方式仰望文化。从典籍的潜脉静深到庙宇的四时烟火，不着痕迹地贯通一体，精致却不失格局，严整而不乏谐趣。

这本书的作者李松涛博士是我多年挚友，也是最为重要的学术对话者之一。1999年，彼时我和松涛兄一起开始就读硕士，所不同者，他是自香港申请而来就学于隋唐史名家，而我则是从本校升入硕士班，开始学习"怪力乱神"的道教。北大于他是生疏的，于我是再熟悉不过的。有趣的是，着意于西方哲学阅读的我面对传统中国的信仰世界和文化体系时，颇感踟蹰；与我相反，大学就读于香港中文大学经济系的松涛兄则似乎对传统中国情有独钟，浸淫多年之下对乙部诸典颇为熟悉。我们是通过踢球相识的，出身足球世家的松涛兄司职右后卫，队友们常调侃他除了俊朗的长相和颀长的身量之外，在足球场上的整体表现都是"有辱门风"的。毕竟混迹于北京大学人文学科硕士博士生组成的业余队，堪堪混得半场主力，与其祖亚洲球王惠堂公的确落差太大了，被队友群嘲，也是松涛兄"咎"由自取。

交往日深，才知道松涛兄的"家学"并不止足球，更有一份对中国文化与历史的认同和热爱。只有对自己的文化传统和历史血脉保持着一份始终不变的温情，一个人在精神意义上才是其来有自的，才能以回向宗渊的方式自立吾理，面对生活。我们都是读着宾四先生（1895—1990）的《国史大纲》，才意识到这种温情并非一个人面向自身文化的责任，而是伟大的文化传统赐予我们的最宝贵财富。

松涛兄在硕士阶段就直接转为博士项目，跟随王小甫教授，研究唐前期的政治文化，其中颇涉政治思想史的内容。他也是孔颖达的热情粉丝，《五经正义》成为那段时间他最常提及的著作。自彼时起，他一直坚持不懈地常读甲部经典《左氏春秋》，正因为此，我这个一直在中国哲学和思想史门口徘徊的半吊子可以时不时成为他读书之后吐槽和评论的听众。他总不满文史割裂、经思两判的学界风气，更是确信经义与注疏之中藏着中国政治文化的所有密码。我在硕士毕业之后就来到松涛兄的母校香港中文大学就读博士，前后三年，时常能来探望的老友也就松涛一人了。松涛兄也是唯一可以带着我穷逛香港的"本地导游"，旺角的煲仔饭算是我们两个学生的顶奢配置了，唯一一次突破天际的奢侈是在维多利亚公园旁边、也是他家附近的一个茶餐厅喝早茶。就学轨迹在两个大学完美交叉，在学术兴趣上高度重合，使得我们有很多共同话题，时常一起谈论学术与学风，探讨问题。我一直沉浸于中国哲学和信仰观念中，与松涛兄严格史学家法和细密甲部之学风格完全不同，流于粗疏，失于猛断。因此，在我们的交谈中，很多针对思想历史和典籍结构的猛断都由我来负责，而松涛兄则是言必及甲乙部，每出必有自。多年以来，这样的奇妙反差，让我受益良多。

自其博士论文开始，松涛兄的写作就一直保持着这种门户严谨的史学家法，呈现在读者面前的这本书可以说是他以独特的方式向现实"妥协"的成果。博士毕业之后，松涛兄定居台湾，从事着与职业学术风牛马不相及的事情，虽然颇为生计奔波于两岸之间，但却始终没有放下对历史文化和传统精神的关切。从两岸青年交流到动画长片的制作，这些事情的完成，在我眼中，应该还是得益于香港的务实精神给他的滋养。他爱读书，却不刻板，一心向学，却从不以文人民师自许。自己创立公司的时候都不忘借用一下班固和史迁的大名，读者们看到的这本书就是在"班马"传媒的工作中逐步积累起来的文稿。松涛兄致力于以新媒体的形式观察、记录和探究民俗、庙宇、节气之中的文化精神与历史脉络。这些看似时髦的具体工作，却是松涛兄展开深入典籍阅读的"自设之局"，每访一庙、每瞻一神、每见一俗，都溯源探底，从典籍出发，用神话、传说与典故激活所见所闻的文化底色，让这些日常的烟火一时灵动起来，甚至扬起了浪漫主义的气息。用严格的学术眼光看，这似乎是一种妥协和俯就，然而，作为多年老友，我却以为这种充满烟火气的学问恰是松涛兄追求的理想学问的样子。在他眼中，文化和历史必须是活的、有温度的。市井之中四时不辍的礼俗，乃至常年香烟缭绕的庙宇之中的神祇，才是这个文化中最具有韧性和生命力的部分。从这些看似流俗且浅近的日常中，却能直接感受到中国文化根底处的脉动。如果连对身边的庙宇、熟悉的神祇、热闹的习俗，乃至流行的传说都漠不关心，乃至懵然无知，就是对自己的文化传统的冒渎和轻视。

最近几年，我一直是松涛兄和他的团队细致工作的观察者，他会将从典籍中读到的神话传说和典故落实在对庙宇和礼俗的理解之中，时不时与我分享他在庙宇和祭祀活动中找到的绵长悠久的历史记忆和意义传承。这些具体的内容总是围绕着三种不同形态的生活现实：以二十四节气为基本线索的日常时间结构、以跨地域的庙宇和神祇信仰串联起来的信仰谱系、作为跨越时空的共同文化基础的祭祀与礼俗实践。质言之，松涛兄找到了独特的叙述结构，背后的观念支撑恰是对文明不同层次内容的独到理解。从庙宇、神祇和礼俗入手，一路上溯到政典与史籍，一方面体现了中国文化传统和历史观念中自成体系、贯通上下的独特能力，另一方面则是提示每一个身处其中而懵然无知的人，日常生活世界的每一个细节都其来有自，且体现了整个文明传统共享的文化记忆。地域、时间与具体礼俗的巨大跨度和纷繁多元，不仅不会影响中华文明的整体性和贯通性，反而解释了同一个文明结构和历史观念体系何以将如此丰富的文化和生活融贯起来。

私意以为，松涛兄嘱我作序，其用意大概有三：其一，便近。对于他在本书中涉及的神话与典籍、庙宇与神祇、节气与礼俗，我算是熟悉的，同时，我也完整见证了他的具体阅读和日常工作。从具体理解而言，算是便近的。其二，也是便近。松涛兄的大作兼具史家的严谨和作家的晓畅，既不像学术著作那样需要大家的开光，也不像畅销书那样需要明星的加持。因此序言在这个意义上的基本价值就是，从一本书的结构上而言，必须有。这种作为填充式的工作，最好就是甩给多年损友，只要不太离谱即可。其三，仍是便近。我自觉颇为擅长在史家的细密叙述基础上牵出一些空疏且看似合理的"解释"与"建构"，从而让松涛兄已经熟稔掌控却未及言明的观念和立场更直接地呈现出来。前两者是因为松涛兄的"怠惰"，只有最后一点是我可能拿出的贡献。因此，为了不负雅意，总要胡诌几句才好交差。

以儒家为主轴的中国历史叙说十分重视圣王传统，三皇五帝被视为宇宙天地之道与人类文明秩序之间的过渡与桥梁：仰观俯察而化成人文的历史叙事模式，使得日常生活与政治结构、治理方式都被视为亘古不变的天地常道的显现和落实。独特的历史意识和叙述模式更多地被运用在政治权力的合法性建构之中，一家一姓的政权都要尝试将自身的血亲谱系联结到先贤圣王，从而确立"承命于天"的权力根基。不妨说，在传统的历史叙述框架中，三皇五帝的"功能"除了建立文明秩序，就是为权力奠基。

与之相对，松涛兄尝试叙说的是另一个层次的鲜活历史，古代圣王作为共同的文化记忆和一系列意涵丰富的象征，如何塑造活跃于日常生活的习俗，进而如何通过这些礼俗划定了生活中的时空和日常秩序。这些象征成为生活世界的秩序支点和意义源泉，四时不辍的观念基础正是礼俗的展开，而礼俗的意义则系于神话人物联结的宇宙秩序与初民事迹。日常礼俗与信仰是始终活跃且最具韧性的，其根本原因在于我们处于一个文化共同体之中，分享着同一种文化记忆。文化的记忆——倚赖着几个支点和箭垛式的人物——成为凝聚文明、建立认同的根本。因此，以严肃且充满温情的视角展开共同文化记忆的探索与重述，是每一个时代读书人的责任，更是保证中华文明这个共同体绵延不绝的根本途径。松涛兄与我是同类人，始终念兹在兹者，不过是对中华文明传统再次复兴的期许和热望。宾四先生自承，问学一生，须臾不离者，就是为故国招魂。无形无质的文化，若显若隐的精神，却是直面当下生活世界的力量源泉。

松涛兄以读书为乐，甲乙为宗，丙丁为乐。我揣测，本书的另一个写作动机是为了劝人读书，并且示人以阅读传统典籍之南山捷径。六篇之体例，每篇都保持着严整的结构：从神话传说落实到文史典故，进而说明四时节气的意义源头，庙宇与神祇、祭祀与礼俗也就鲜明起来。看似刻板的排布，却展现了最具效率的阅读和理解之法。与学究式的研究完全不同，日常的文化阅读和意义理解一定要从不着痕迹的礼俗和信仰入手，以逸闻雅风为通衢，落脚在典籍史翰之中。从而，用日常的烟火激发坟典之籍的活力，以典籍的深沉建构四时烟火的意义。文明的活力在于最深沉者与最鲜活处的血脉联结和呼吸相通。松涛兄不仅指出了读书为学、学不离世的门径，更体现了一种难能可贵的文化态度。我记得松涛兄曾经和我分享过其祖惠堂公的联句，"书为天下英雄胆，善是人间富贵根"，言近而理深。惠堂公安置身心、从容于世的本领中，既有旷古绝今的球技，更有厚重绵长的文化。身心安然的精神底蕴，来自与悠远古雅的文化脉动之间的响应与共振。

多媒体、视频以及图文阅读席卷而来，势不可当，我们这一辈的读书人似乎成了书写和纸质阅读时代终结的见证者，也成了典籍时代的遗民。然而，松涛兄尝试让我们都相信，需要惋惜的不是告别皓首穷经之乐，而是因缺少阅读而疏离传统的现实；需要警惕的不是视频图文的爆炸，而是安然处身于对文化传统懵然无知的精神空洞之中。

在这一点上，我和松涛兄一样，有焦虑，更有无奈，然而真正不放弃的，仍是期许。让我们觉得始终可期的，不是浩如烟海的经书坟典，而是潜脉静深的四时烟火。

是为序！

潜脉静深的四时烟火

书成自述

这本小书，可以说是我多年读书心得与志业所在之结集，在我个人生命史中亦具有独特的意义。

1999 年至 2005 年期间，我师从王小甫教授，在北京大学历史系攻读中国古代史硕士、博士学位。博士毕业后一心欲回香港，回到香港的大专院校中继续从事历史学研究，尤其是中国古代史的研究。而隔年即 2006 年，正是当时香港教育统筹局在香港实行教育改革的第一年，从这一年开始，香港的学制从以前英式的 3 年初中、2 年高中、2 年大学预科之 3 - 2 - 2 制度，改为了初中 3 年、高中 3 年、大学 4 年的 3 - 3 - 4 俄式学制。中国历史课也从香港各公私立初中的必修课被改为选修，不久之后，在高中阶段，将中国历史课内容并入新设立的高中通识科。

每个历史事件有其因果关联，大历史背景对个体的影响往往是具体而深远的。我于彼时想应征的几份教席，均是大学里面新设立的通识教师职位而已，但想在这一年，在香港的正式大学中，寻求一份中国历史系，尤其是中国古代史专业的正式教职，无异缘木求鱼。

我的第一本学术专著《唐代前期政治文化研究》，2009 年由台湾学生书局出版。此专著是在我的博士论文基础上修改而成的，是研究"安史之乱"这一重大历史事件的思想文化背景。"安史之乱"不仅是唐宋变革期的重要标志，更揭示了唐代前期政治集团与文化集团的关系，以及魏晋南北朝以来种族与文化的关系。史学研究见微知著，禹域神州之内，三千多年的王朝更替历史，每一次的政治变革、重大历史事件，均会影响社会与文化的发展走向，安史之乱影响如此，其他各朝各代的历史事件也均如此。从此，历史上的政治法律制度与社会文化关系等议题，遂成为我念兹在兹的学术关注重点，随后更因家庭与工作关系，频繁往来于海峡两岸和香港地区，眼中所观，自然多措意于其间的政治文化差异；心中所思，自然是吾辈国人文化从哪里来，又该向何处去。

2009 年我完成了自己的第一部学术著作，此后经年，遂选择了《五经正义》中的《春秋左传正义》，作为自己重点研读的甲部书籍。《五经正义》是唐代前期学术思想的集大成者，经历了唐太宗、唐高宗两朝，才由官方主持修订而成。其地位与影响，既深且远。直到今日，《左传正义》依然是研习《春秋》与

《春秋左氏传》的必读书目。笔者在研读《左传》期间，发现有不少古人鬼神梦境之记录。如鲁昭公十七年郯子朝鲁公，讲述其先祖少昊氏以鸟名命官的一段历史传说，其内容广及远古神话中的黄帝、颛顼等。初读到，已去翻检《尚书》《国语》《史记》以及诸子著作等相关史籍，希望有拾遗补缺之助。同时又记起《论语》中孔子所言"不语怪力乱神"。《左传》与《论语》成书，时代相距当不远，为何《左传》中又偏偏留下了这许多的怪与神？中国远古神话内容大量保存在先秦典籍中，定有其重要意义。孔老夫子也并没有否定、否认这些内容，只是存而不语、敬而远之罢了。

上古神话与帝王传说、历史传说与中华文明的起源与发展，到底是何种关系，确实值得我们思考与重视。这一议题的背后，其因果源流，无疑也是历史学学者、人类学学者一直尝试解答的问题。而《天上人间》这本小书的写作缘起，可说正是读《左传》以及相关著作之心得的结集。

2014 年，余英时先生的新作《论天人之际：中国古代思想起源新探》，仿佛暗室烛光启示了我对有关中国远古神话与中国文明起源的思考，实有碱艾相得之感。余先生在《论天人之际》一书中，特别拈出远古神话传说中颛顼"绝地天通"一段，以说明中国古代思想轴心突破的展开。中国古代的天人关系、礼乐传统、天人合一的人文思想，也由此而得以成立。关于中国古代思想起源的学术讨论，相信会继续有思想家、哲学家给予探讨推进，此一领域非我术业专攻之所，不敢妄置一词。我的本业是历史研究，既然我们相信《左传》中所记载的史料是可信可据的，仅颛顼一人，在《左传》中就已经五见（文公十八年、昭公八年、昭公十年、昭公十七年以及昭公二十九年），那么我们不禁要问：颛顼的神话故事有哪些？颛顼为何要"绝地天通"而不是"绝天地通"？"绝地天通"后人间到底发生了什么重大改变？这些改变在历史上产生了什么影响？余先生的学术关注在于天人之际哲学思想的起源，而我则更希望以时空顺序，在人间历史中增广见闻，考竟源流。

古人云"道欲通方而业须专一"，所以我相信，历史学方法、乙部材料才是研究上述问题的最主要依据。《春秋》是大约成书于战国初期的鲁国国史，也是中国古代第一部编年史。此后西汉时代的司马迁，有志续《春秋》而作《太史公书》，即我们熟知的《史记》；东汉的班固又接续《史记》而作《汉书》。自此之后，历代的所谓正史，无一例外地沿袭了司马迁与班固开创的史书体例。中国历史与文化的伟大，就在于她连绵不断地记录了中华文明的发展轨迹。以司马迁父子为例，两代均任太史之职，故亦通晓天文历算之学，其撰述《史记》之目的，也正是"究天人之际，通古今之变"。

《史记·天官书》中就清楚列明了夏商周三代以前传掌天文历算之法的重、黎、羲、和四氏，以及春秋战国时代各国掌管天文历法的职官。因为司马谈、司马迁父子不仅是史官，更是出身自这一世系，所以才能清楚记录这一谱系以及清楚了解天文历法与人间祭祀之关系。在《史记》八《书》中，卷三为《律书》，接以卷四《历书》，再接以卷五《天官书》，在在显示出熟知天文历算的两父子，编撰史书之专业与用心。在《律书》记录天文历算所由来之后，立即专门说明天文历法与人间祭祀之间的传承关联，才让后世史家有例可依，有迹可循，知学术之渊源有自。

逮至东汉时期班固作《汉书》，遂依《史记·封禅书》而作《郊祀志》。此时汉人的天人观念，已经相当明确，即《汉书》所言"帝王之事莫大乎承天之序，承天之序莫重于郊祀"。所以班孟坚特别在《郊祀志》中补充了一些太史公《封禅书》中没有提及的史料，以便后世之学者能更加了解颛顼"绝地天通"后，人间是如何向上沟通神明的，亦即《汉书》所言"祀者，所以昭孝事祖，通神明也"。《郊祀志》中还特别增加一段颛顼"绝地天通"后，分命重黎各掌天地神人的史料，以及神农以降祭祀"社稷"之义，余则继续沿袭太史公《封禅书》之文与意。孟坚所补，实得子长未竟之意。综合《史记》与《汉书》二书而观之，才可知颛顼、重黎、虞舜、夏禹世袭祭祀，世掌天文历算之渊源；也才可知人间百姓对上帝、祖先的祭祀，才是古人在地、天被隔绝后，与上天沟通的重要方式方法，是天人关系中最重要的沟通纽带。班固《汉书》中详示："天子祭天下名山大川，怀柔百神。……诸侯祭其疆内名山大川。大夫祭门、户、井、灶、中霤五祀。士、庶人祖考而已。各有典礼，而淫祀有禁。"这不仅是当时的祭祀等级制度，无疑也是在昭示颛顼"绝地天通"之后，人间如何落实了由祭祀百神到人文礼乐。此后周公制礼作乐、孔夫子"吾从周"，都是在指示神人分治之后的人间路向！

记得在修读大学预科期间，香港高级程度会考中国文学科课本中有《太史公自序》一篇，太史公自叙其"继《春秋》"之志，引孔子之言："我欲载之空言，不如见之于行事之深切著明也。"古人如此，晚辈学人亦当如是。前修在望，我遂立志以中国远古神话内容为主题，以岁时风俗为辅线，尝试开始此"成一家之言"的文化溯源与文化认同之作。

实赖同仁协力襄助，以"班马"（"班"取班固之班，"马"取司马迁之马）之名，自 2017 年开始用了三年时间，在台湾拍摄全岛庙宇匠师系列纪录片《匠魂》，力求以影像来记录有传统特色的宗庙建筑和具有历史意义的文化遗迹。此系列记录的台湾庙宇，数目超过百座，采访了相关的三十八位寺庙艺术匠师，这些匠师中包含了土木建筑师、木雕师、绘画师、陶瓷雕塑师等诸多方家。诚心所致，陆续发现关于盘古、女娲、伏羲、神农等神话人物，居然都可在台湾找到其祭祀崇拜的庙宇。又或者这些庙宇中供奉的神像，很多还是明清时代的先民从大陆奉来台湾安置的，文化传承意义尤为重大。志业谋生与在职读书，二者结合，更让我深深体会到中华文化的人文价值系统，绝非古人凭空捏造而来。相反，它们很早就潜存在中国文化尤其是华人的日常生活之中了。以华人最重视的孝道为例，《后汉书·礼仪志》中《案户》条略言："仲秋之月，县道皆案户比民。年始七十者，授之以玉杖，哺之糜粥。八十、九十礼有加赐。玉杖，长尺，端以鸠鸟为饰。鸠者，不噎之鸟也。欲老人不噎。"每逢仲秋，官府赐乡间七十岁以上老者以鸠杖，不仅用赐杖以示敬老，就连拐杖上的鸠鸟造型，也用意良多。老人进食，最怕哽噎而影响呼吸危害生命。鸠鸟进食，不容易噎到，古人正以此表示对长辈的祝福。这条史料，既反映了东汉人的岁时习俗，更是官府民间上行下效，如何以孝化民的生动案例。

前引《汉书·郊祀志》中也记载"士庶祭祀祖考"，祭祀的等级虽然与帝王祭祀神明不同，但祭祀的目的是一致的：昭显孝道且上通神明。它清楚道出了古人如何借岁时来彰显孝道，来展现人间关怀。在出土的诸多汉代画像石中，也可证明这一点。如在出土的"孔子见老子画像"中，就多见孔子和老子都手持上述的鸠杖、随行的童子也手牵鸠车玩具的画面。老幼均以"鸠"为信，正是汉代孝道精神的延续与体现。画像中的意境，在文献中同样有记载。如《论语·子罕》篇中有一"达巷党人"。到了太史公作《孔子世家》，就直接表述为"达巷党人童子"了，这达巷党人童子，就是项橐（参看钱穆《先秦诸子系年》中《孔鲤颜回卒年考》），也就是画像石中手牵鸠车的童子了。此类画像石的内容，体现了汉代人是如何理解《论语》，以及如何践行孔门所宣扬的儒家孝道。而此处的"鸠"，也即是前文《左传·昭公十七年》少昊氏鸟名官中的"祝鸠"，官则为"司徒"。孔颖达《左传正义》曰："此是谨悫孝顺之鸟，故名司徒之官，教人使之孝也。"可见自汉至唐，无论是鸠杖，还是鸠车，体现的都是百姓在生活中如何落实人伦、落实两岸华人迄今坚守的"百行孝为先"之大义。今人古人，原始要终，若合符契。

今日海峡两岸暨港澳地区的日常社会风俗，也是对中国传统文化最好的传承。司马迁《史记》曾引用一句古人谚语"有白头如新，倾盖如故"，此句话是形容君子相交贵在知心，不论相识时间的长短。"倾盖"就是中途偶遇，停而交谈的意思。如果我们参考汉代画像中保留的汉代车马图，多可发现汉代马车均有一华盖，两车若相遇并排，车中人想交谈，必然要侧向同一边，两车之车盖遂会倾斜，即"倾盖"之由来。今粤语口语中依然使用"倾盖"一词，代表交谈聊天之意。所谓粤语保留最多中古文言，此其证据之一。再以形容吃为例，粤语中会以"九大簋"来形容酒席饭菜之丰富，"九"乃古文中多数之意，而"簋"字正是青铜器中的"簋"，乃自古祭祀宴飨之时，用以盛食物之礼器重器。今日北京东直门内有餐饮一条街，也是以"簋街"命名。

粤语中"回家"称作"返归"或"归家"。归，《广雅·释言》中曰："归，返也。"是返、归同义。且"归"字，自古即有归家之意。特别古代妇人归夫家，就直接曰"归"。验之于《左氏春秋》，古人名"归"者，多以"家"为字。如宣公四年郑公子归生，字子家；宣公十四年的鲁公孙归父，字子家。古人名与字互训，证明"归"确有"归家"之义。今日粤语中以"返归"言"归家"，正是由此古义而来。礼失求诸野，不料春秋古人名字之关联含义，竟于今日粤语中得见其遗意。以上这些，也正是今人日常生活延续古代文化的明证。

王国维1925年在其《古史新证总论》中提出了著名的"二重证据法"。大意是说，吾辈生于今日，幸于纸上之材料外，更得地下之新材料，得以补正旧材料，亦可证明古书有其事实实录之一面。王国维以考古资料与古代文献相结合来探求古史真正面目的"二重证据法"，也正是本书所心师与模仿的方向。中国神话故事中涉及的中国文明起源、中国文化传统等内容，不是仅仅靠古贤先哲留下的历史文献得以传世，如今更有赖考古发现、考古学研究将其系统化证实；有赖两岸华人，凭借语言习惯、衣食住行等习俗，在现实生活中代代相承，世世留存。

　　我爱这片神奇的国土，更爱这片国土上薪火相承的文化。这本小书，不仅代表了我对学问与知识的追求，更象征了我对人文价值的抉择。

导言

一

这本小书虽然不是一部学术性的专著，但其主要目标人群，依然是那些对传统文化、对文史知识感兴趣的读者。写作缘起，已具在《书成自述》一篇。

本书内容以远古神话中的盘古、女娲、伏羲、神农、黄帝与颛顼（附少暤）等六位神话人物为主体。此六位传说中的神话人物，拥有超乎人类能力的神的行事，象征了某一民族始祖或人间帝王，具备了自然神话学说中的"天神"与社会神话学说中的"始祖神"之双重身份。

人类学研究指出，远古人类创造与保留的神话内容，其实就是一个民族心理与思想状况的反映，是一个民族宗教、哲学思想的起源。所以本书只选择这六位中华民族的始祖神，作为论述的主要内容。至于汉代以降本土道教和外来佛教中的内容，则不在本书讨论范围。

本书叙述的神话人物，起自盘古断自颛顼，不及唐尧、虞舜及夏商周三代，原因如下：首先，这六位神话中的神，都是远古先民祭祀的自然神，也可说是全体华人的始祖神。他们的故事体现了先民关于天地初开、人类始生、阴阳协和、天人之际等文明思想的起源，地位崇高。其次，自颛顼以下的唐尧、虞舜、夏禹、商契、周弃等，虽然也保留了不少神话故事的色彩，但是文献记录表明，他们的传说已经颇接近人间帝王的信史了，这些历史人物在《尚书》《诗经》《左氏春秋》和《史记》等传统典籍中，均有明确系统的记载。尤其夏商周三代的历史更被近代历史学者尤其是考古学家反复论证，其说皆在，故在此也无须添足。最后，唐尧、虞舜及夏商周三代帝王始祖，都可从神农、黄帝、颛顼以来的神话人物身上，即从诸如《大戴礼记·帝系》篇、《史记·五帝本纪》等典籍中，寻得其世系渊源（有关三皇五帝的继承渊源及其史料考辨，参看顾颉刚所著《中国上古史研究讲义》）。

我们在此梳理这六位神明的故事，将更有助于理解那些没有被正式记录在经史典籍之中，或者散落在其他文献中的历史与传说。当我们理解了以上六位自然神与始祖神的故事，则当如远古巫师沟通了地天沟通了鬼（指祖先而言）神（指天地山川之神）一样，将有助于我们进入民族与文明、传说与历史、传统与现代之间的时空对话隧道，从而更清楚地了解本民族文化与文明之起源，确是虽虚渺但不荒诞。

二

自两汉以降，史官作为史家的职责越来越清晰，著述中已少言鬼神，而多如实记录人间的历史事件了。如司马迁所著的《史记》中，已经不言山海怪物了，其《五帝本纪》更是依太史公所见史料，自黄帝开始，只叙述人间帝王的"万世之功"。然诚如王国维考证殷代先公先王时所指出的那样："（王亥）其事虽未必尽然，而其人则确非虚构。可知古代传说存于周秦之间者，非绝无根据也。"（《殷卜辞中所见先公先王考》，氏著《观堂集林》卷九《史林一》）是知上古的神话传说，流传至今，定有所依据。

本书所讲的远古神话故事，其原始资料来源，即多散见于自春秋战国（前770—前221）至两汉（前206—公元220）结集成书的诸多文献作品中。这些古代文献，例如《周易》让我们得以了解伏羲八卦的原始样貌，《尚书》记载了上古唐尧、虞舜的历史，《逸周书》留下了关于神农、黄帝、蚩尤传说的片段，

《左氏春秋》收录了不少"怪力乱神"的资料，《国语》则详细记录了颛顼"绝地天通"的故事，甚至如《诗经》《楚辞》等经典文学作品，也为后人保留了许多有关夏商周三代的神话传说。《楚辞》中《天问》一篇，学者认为屈原引用的神话资料，简直可以直接被看作远古神话的原始记录（参袁珂《中国神话史》），甚至是中国第一部神话史诗（参顾颉刚《中国上古史研究讲义》）。其他如《庄子》等诸子百家之书，也零星留下了一些远古神话内容与历史传说。

另外一部保留了更多神话传说内容的汉人著作，是西汉淮南王刘安主持编写的《淮南子》一书，其录入了不少杂家思想，却又极其接近道家的思想。如女娲补天、羿射十日等，其可资参考的材料，足可与《山海经》媲美。而《淮南子》书中的《天文训》一篇，与《史记·封禅书》《汉书·郊祀志》等篇一样，对于了解本书所论天文历法与人间祭祀的关系、岁时节日与社会风俗的关系，均为重要的史料。

在诸多先秦古籍中，保留神话资料最丰富的著作当属《山海经》。《山海经》绝非今日坊间寡学者放大渲染的那样，仅是一部专门记载妖兽奇异的怪谈之作。《山海经》是从战国初年到汉代初年，由不同人汇集成书的，甚至有学者认为它其实是古代巫师的集体著作。是古人流传下来的上古地理、历史、宗教、民族、动物、植物、医药等多方面内容史料的汇编，对我们研究远古神话、上古社会均助益极大。清代（1636—1911）乾嘉经学兴盛时期，已经有学者注意到《山海经》的重要，其中又以清代学者郝懿行的《山海经笺疏》最为重要。与郝栖霞同时代的大儒阮元，在其《刻〈山海经笺疏〉序》中说："然上古地天尚通，人神相杂，山泽未烈，非此书未由知已。"可见《山海经》一书确是我们了解远古神话故事的重要内容依据。古人留下来的这些完备而可信的史料，为我们今日的研究，提供了确实的依据。

近代以来，袁珂的《山海经校注》（上海古籍出版社，1980年）一书，是目前对《山海经》最详尽的注释与解读。本书所叙远古神话故事，若是为《山海经》书中所记载的，引文与解释皆依郝懿行与袁珂二氏之书。正是基于《山海经》的学术研究，袁珂先生还写出了《中国古代神话（修订本）》和《中国古代神话史》二书，均为今日辨别中国远古神话内容真伪、了解中国远古神话人物、追索中国远古神话历史的必读书目。尤其是《中国古代神话（修订本）》一书，首次将中国历史典籍、文学作品中散见的神话资料排比考订，整理存真。从世界肇始的神话内容讲起，终于夏商周三代帝王传说，呈现了中国古代神话内容的历史全貌。

本书的研究与论述，就是建基在诸位前贤的研究成果之上。若得有尺寸之进，则心愿足矣。

三

今天，人类基本相信了自己是由约 320 万年前的非洲古猿进化而来的。距今约 200 万年前，地球上出现了第一种接近人类的灵长目动物，其被称为"能人"（Homo habilis），在中国境内也发现了大约同时代的"巫山人"的人骨化石。又到了距今约 10 万至 1 万年之间，这时候古人类的体质特征已经与现代人基本相同了，其被称作晚期"智人"，考古学上则称这一时期为旧石器时代晚期。而大约 1 万年前，生活在禹域境内的人类已经开始进入新石器时代了。学者认为，中国远古神话故事，就是开始萌芽于这个时期（参看袁珂《中国神话史》一书）。

大约从 7000 年前开始，在禹域九州各处，几乎都有人类的活动，传说中的远古神话故事也能一一在现代考古学的发现与研究中得到佐证。其中比较著名的有红山文化、河姆渡文化、仰韶文化、大汶口文化、屈家岭文化、良渚文化，以及与良渚文化大约同期的台湾卑南文化等（参看本书《伏羲篇》与《颛顼篇》）。2020 年 5 月 7 日，河南省郑州市文物考古研究所公布了河南巩义河洛镇双槐树遗址的考古成果。有关学者认为这一距今5300年的古国时代都邑遗址的发现，填补了中华文明起源关键时期、关键地区的关键材料。更在某些层面证明了黄帝神话故事中的部分内容。可见有关中华文明起源的文献学考古学研究，极大帮助了我们理解远古神话与中华传统文化的关系。

20世纪早期的考古学与人类学研究以为：中华民族是由远古三大部落集团即华夏集团、东夷集团和苗蛮集团组成。华夏集团的主要生活区域就是黄河中游的中原地区，以神农、黄帝为始祖（参本书《神农篇》《黄帝篇》），与之对应的考古学证据应该就是距今7000—5000年前的仰韶文化，以今天的陕西、河南为中心。苏秉琦先生更依据出土陶器上的花纹，考订出代表仰韶文化的"华"——玫瑰花图案——的起源与象征（参苏秉琦《中国文明起源新探》）。东夷集团的发源地则在今天山东半岛沿海和安徽境内，我们在本书中提到的伏羲、太昊、帝俊、少昊等，或者就是源于这一地域或者曾经长时期生活在这一区域。与之对应的考古学证据就是距今6500—4500年前的大汶口文化，以今天的山东、河南，以及江苏北部为中心。而苗蛮集团则是在今天的长江中游、洞庭湖流域、云贵一带，盘古与女娲的神话很可能就是起源于这一集团（参本书《盘古篇》《女娲篇》），与之对应的考古学证据就是约 5000 年前的屈家岭文化，以今天的湖北、湖南及长江中下游地区为中心。

中华大地上多元民族的组成，当然不仅只有以上三个氏族部落这么简单。近年的考古发现与研究将这一问题的讨论继续向前推进。首先以燕山南北长城地带为重心的北方，有约 6000 年前的红山文化遗址被陆续发掘出来，出土了玉雕龙、龙鳞纹图案陶器、祭坛、半身孕妇像、女神面具等。有学者因此提出这样一个观点：以玫瑰花图案为主要特征的仰韶文化，与以龙图腾为主要特征的红山文化，北南相遇而融合，我们今天自称"华人""龙的传人"，当正是由此两种文化而来（参前引苏秉琦书）。其次，距今 5300—4400 年前的良渚文化，也称古吴越文化，以长江三角洲江苏南部、浙江大部、福建北部，以及台湾南岛语系为中心。在台湾出土的卑南文化遗址，就是与之相对应的考古学证据。良渚古城遗址，也正因为其特殊地缘与学术意义，在 2019 年成功申请为世界文化遗产。良渚文化遗址中发现的带有墓葬性质祭坛，以琮为中心的玉礼器系统，显示上古宗教已经进入一个新的阶段，这正与本书所讲颛顼"绝地天通"的神话内容与发生时间若合符契。

一个民族与一个国家的神话传说，不仅仅显示了其民族的由来与形成，更揭橥了其文明起源的历史轨迹，近年禹域境内考古学的持续研究也证实了这一点。张光直先生在其《考古学专题六讲》一书中就说：中国古代文明的一个最重要特征是萨满（Shamanistic）式的文明。这里所讲的萨满式即巫觋式的文明，其实就是把世界分成天上人间天地神人等不同层次，并以宗教与政权中的重要人物，负责将不同层次联结沟通。又说中国文明的起源，其关键是政治权威的兴起和发展（张光直《美术、神话与祭祀》）。从这层意义上来看，中国文明起源可说就是来源于上古神话尤其是颛顼"绝地天通"神话。此后神人分治，而有了天上与人间的分别。"绝地天通"，不仅是远古原始宗教的重组（参看李零《中国方术考》），更重要的是，神人分治之后，人间帝王以神之代言人的身份，取得了在人间的独有之政治权力，形成了中国特殊的文化文明特征。上古先民也从神人共享的远古神话时代，慢慢转到了人间信史阶段。而人间帝王从此作为祭祀主持，独霸沟通神人之职责。有了这个巨变，氏族部落和神权国家才得以发展，中国文明的发展也因此随着政权王朝的禅代，而呈现出不同的形式与特色。就此意义而言，颛顼"绝地天通"神话故事本身，已经不再重要。这一神话故事发生后，其在人间所产生的影响，才是至深且巨。

今日出土的商代（约前 16 世纪—前 11 世纪）甲骨文中，卜辞文字就如实记录了商代诸王是如何祭祀先祖的。而战国时期成书的《左氏春秋》中有这样一句著名的话："国之大事，在祀与戎。"（《成公》十三年）可见即使降至公元前 6 世纪的春秋时期（前 770—前 476），军事与祭祀神明与祖先，依然是氏族国家最重要的活动，也是人间帝王神权政治的最好体现。《孝经·圣治》一章，就记载了周代（前 1027—前 256）周公祭先祖以配天神、郊祀后稷以配天的史事。而古代先民的众多风俗习惯，更是直接与祭祀神明以及祭祀祖先这些人间礼仪，直接相关。

古人为何如此重视祭祀神明与祭祀祖先，战国时期（前 475—前 221）的墨子尝试给出了解释。《墨子》卷十一《耕柱》中说："巫马子谓子墨子曰：'鬼神孰与圣人明智？'子墨子曰：'鬼神之明智于圣人，犹聪耳明目之与聋瞽也'。"这段文字告诉我们，在当时人看来，即使圣人如王者，也要接受神与鬼，即上天与祖先的指导而行事，人是不如鬼神明智的。古人相信，只有通过祭祀，人才能沟通鬼（祖先）神（天），鬼神的祝福也因此才能降落人间；人类的知识与智慧，才由此得以授受与传承。这也正是《孝经·圣治》章中"周公郊祀始祖后稷以配天"以及"宗祀文王于明堂以配上天"的重要意义之一。

祭祀神明与祭祀祖先既然如此重要，那么何时举行这"国之大事"才适宜呢？这就需要历法了。《尚书·尧典》中记载人间帝王："历象日月星辰，敬授人时。"这一"人时"，就是人事之时。也就是"国之大事"的时间表，即"祀与戎"的时间表。在颛顼"绝地天通"之后，人间帝王既然独享了沟通神与人的权力，也就自然获得了"敬授人时"的特权，因此天文历法自然成为其独有的祭祀工具之一了。所以从创建发明的那一刻起，历法就是为国家祭祀服务的（参看江晓原《星占学与传统文化》）。

《左传·桓公十七年》中说："天子有日官，诸侯有日御。"杜预注曰："日官日御，典历数也。"孔颖达则进一步解释说："晦朔弦望，交会有期。日月五星，行道有度。历而数之，故曰历数也。"

中国的天文历法，简单来说其实是研究太阳、月亮以及五大行星的运动规律。中国传统历法，以太岁干支纪年（相关知识，可参看张衍田《中国古代纪时考》一书），人间帝王特别重视时间更始的重要性。司马迁在《史记》卷二十六《历书》开篇便直接说："王者易姓受命，必慎始初，改正朔，易服色，推本天元，顺承厥意。"也就是说历法乃是为人间帝王创设的，是为了推究天之元气运行、定王者正朔，周而复始以承天意的。故太史公又说，自从有了历法"民是以能有信，神是以能有明德。民神异业，敬而不渎。故神降之嘉生，民以物享，灾祸不生，所求不匮。"这最后一句，真真道出了先民遵照历法、祭祀神明的原始本愿。此后班固作《汉书·律历志》，亦同司马迁一样，强调的依然是历法在国家"大事"，即祭祀层面的意义。

国家有祭祀有历法，故三代以来就有专属的官员，执掌天文历法之职。《周礼·春官·宗伯》记载："（大史）正岁年以序事，颁之于官府及都鄙。颁告朔于邦国。……大祭祀，与执事卜日。"祭祀择日的重要依据，指的当然就是历法历书了。所以在"大史"之后，还有"冯相氏""保章氏"等，执掌岁时之叙、天文异象等。司马迁在《史记·太史公自序》中自述家世："昔在颛顼，命南正重以司天，北正黎以司地。唐虞之际，绍重黎之后，使复典之，至于夏商，故重黎氏世序天地。其在周，程伯休甫其后也。当周宣王时，失其守而为司马氏。司马氏世典周史。"由此我们知道司马谈、司马迁父子世袭太史令一职，熟习历法历书，又熟知历法历书与祭祀之关系。所以《史记》

八《书》，在卷三《律书》、卷四《历书》、卷五《天官书》记录了前代天文历算内容之后，卷六立即以《封禅书》为续，集中记述人间帝王如何郊祀天地、社稷诸神等，这一编次顺序与内容，就是体现了古人天人沟通，祭祀卜吉之渊源所在。

五

古人向来相信"帝王之事莫大乎承天之序，承天之序莫重于郊祀"。也正是直接指明祭祀的主持人，只能是"承天之序"而代表上天来统治人间的帝王。关于"天"的观念，上古以前其实就是指鬼神世界，即墨子所说的"祭祀上帝鬼神，而求祈福于天"之"天"。根据甲骨文资料，古人相信天上有"帝"或"上帝"，而且先王先公死后，往往上至"天廷"，"宾"于上帝（即在天帝左右）。转而言之，即天为上帝为神，而先王先祖则为鬼。自古以来，负责在人与天之间沟通地天的中介，除了人间帝王，还有"巫"这一特殊阶层。考古学家与人类学家通过对出土的商代文献与文物研究发现，上古的统治阶级也可以被称为"通天阶级"，包括有通天本事的巫觋，以及拥有通天手段的人间之王。王不仅自己是人间的政治领袖，同时也是可以沟通天地的群巫之长（参陈梦家《商代的神话与巫术》文）。特别是"巫"这一阶层，在中国远古神话传说，甚至中国上古历史中，都占据了非常重要的地位。在天与地之间，在神与人之间，"巫"可以说也是最重要的媒介之一。

"巫"字在甲骨文中多写作"✚"形。学者指出，这"巫"字，是代表了主持祭祀的人对"规矩"的使用。我们今日所熟知的规矩，其来源，班固《汉书》中说是"（绳）左旋见规，右折见矩"，意思就是一条直绳，旋圆而为规，折方而为矩。《汉书·律历志》中对规矩的详细解释是这样的："夫推历生律，规圆矩方，权重衡平，准绳嘉量，探赜索隐，钩深致远，莫不用焉。规者，所以规圆器械，令得其类也。矩者，所以矩方器械，令不失其形也。规矩相须，阴阳位序，圆方乃成。"这段引文，详细解释了规矩之意与用，天圆地方，四时五常，岁时风俗皆由"规矩"而来。

可见"规矩"不仅一直是巫觋使用的重要工具。在汉代，"规矩"更被时人明确赋予了代表岁时人伦的神秘力量，在人间的意义尤其重大。此一思想一直延续至唐代（618—907）。可见的例证，是在民间夫妻合葬墓穴中，依然多用伏羲、女娲上半身手持规矩，下半身蛇状交尾的画像来陪葬（参本书《伏羲篇》），显示出古人对天地乾坤、对阴阳之道的重视。甚至到了今天，民俗谚语中也有"公不离婆，秤不离砣"的讲法。秤与砣，也正是由规矩变化而来：有规矩而有权衡，有权衡而有秤砣。自汉至唐，自唐至今，体现的正是华人对自然法则、对人伦哲理的理解与信念。

学者的研究还告诉我们，在世界萨满教文化中，巫师们在沟通天地时所用的工具，其实都是大致相同的（参张光直《考古学专题六讲》）。除规矩、历法以外，中国远古神话中还记载了巫觋沟通天地的其他工具，如神山、神木、神奇动物、玉器、礼器等一系列道具。我们参照《山海经》《楚辞》等文献资料中对巫师、对各种神奇事物的描写，就知道古书记载的这些神话内容、神秘工具等都确实可信，而且也都可在今日萨满教的宗教仪式、出土实物中得到验证。例如《山海经·海外西经》中说："巫咸国，在女丑北，右手操青蛇，左手操赤蛇，在登葆山，群巫所从上下也。"相传这巫咸国，就是神农与黄帝时代的巫师之国，登葆山就是群巫下宣神旨与上达民情的天梯之一。本书《黄帝篇》中所讲的"昆仑山"，不仅是黄帝的居所，性质功用上也属于此类"所从上下"的神山。所以司马迁在《史记·封禅书》中讲到帝王祭祀五岳，犹重泰山，就是史家以文献资料记录人间帝王登神山通于上天的古意（可参《白虎通疏正》卷六《封禅》）。至于巫师手中的青蛇赤蛇，似乎也是巫师们通于天地的重要辅助伙伴。《山海经·海外西经》记载西方之神：蓐收"左耳有蛇，乘两龙"（见袁珂《山海经校注》所收的蓐收图）；同书《大荒西经》记载夏后禹的儿子启也是"珥两青蛇"，似乎神话传说中的神仙都喜欢以蛇贯耳作为修饰。所以就有学者指出，半坡仰韶文化遗址出土的人面彩陶"以鱼贯耳"，其实体现了上古巫师"以蛇贯耳"的传说与遗意。

在本书各篇神话故事中，也时常会引用到《楚辞》的内容。《楚辞》最主要的作者屈原（前343—前277?），据学者研究，其实就是一位巫师。《楚辞》的《九歌》《天问》等篇中，保留了许多战国时代楚国一地的巫觋形象。屈原与楚王同祖同姓，故《离骚》开篇就说自己是颛顼高阳氏的后裔。而且屈原在楚国所任之官"左徒"，职近太史，掌管"羲和"天文历数（参《史记·楚世家》）。故《天问》一篇，屈原才能以"巫"的身份，问尽宇宙间一切事物之渺不可知者，《天问》其实就是想要问尽自然界之一切事理。另一篇《九歌·东皇太一》，则描述了男女巫师沐浴芳香，华服盛装，随乐曲翩翩起舞，邀请众神降临人间祭所的美妙时刻，屈原若不是以巫的身份参与其中，绝难凭空想象。

古人祭则有酒，我们今时今日喝到的酒，其起源，其实也是帝王或巫师祭祀时的香料药料。在本书《颛顼篇》中我们会讲到，半坡仰韶文化时期出土的文物陶器"小口尖底瓶"，就是用来装酒而行祭祀的礼器，也因此被学者称为"酉瓶"。而这一"酉"字，乃是源自天干地支中的"酉"字，似乎也与天文历法有着深远关系。而甲骨文中的"酉"与"丙"这两个字，均含有礼器器物的形象意义在内。如果我们在"酉"字下面加一横，也就是象征祭祀的"奠"字了。而"酉瓶"的尖底，学者考订，是用来插入另外一种礼器琮之穿孔中。所以"酉瓶"与"玉琮"，绝对不是一般生活用具，而是人间帝王或者巫这一阶层，在祭祀祈福使用的重要器具。至于"丙"字，则是三个尖口酉瓶结合在一起，其形象，正是带足器刚刚出现时的模样（参前引苏秉琦书）。

由此可见，神话故事辅以考古学的发现与研究，为我们进一步理解民族形成、文明起源等提供了指引与证据。地天相隔，有了神人分治，于是就特别尊崇负责祭祀的人间帝王。有了天文历法，就有了明确的时间概念来进行人间的祭祀大事。因祭祀而有了礼器与文字，又使得人间可详细记载神明祖先传授下来的知识与智慧。可以说，有了明确时间概念的文字记载，才成了真正的人间历史文献，人类的知识与智慧才得以保存。文明与文化，也正是借此等典籍文献得以完整地传承千载。

六

祭祀天地山川祈福神明祖先，所依据的天文历法，是帝王独享的神秘工具。那么我们今日民间所熟识的岁时历法，又是从何而来呢？我们今天使用的历法，习惯上称为"历书"。历书与帝王所重视的天文历算不同。历书最重要的内容其实是天文星相与农业耕作的关系，其中四时节气的推定以及由此而衍生的岁时习俗，才是民间百姓关心的大事。因此本书的主要内容之一，就是尝试梳理神话传说、历法历书、人间祭祀与岁时风情之间的渊源。

出土的殷墟甲骨文，证明了商朝人早在3600年前，已经知道如何用天干地支来纪日与占卜了。而且甲骨文内容既然多数是记载祭祀祈福的，那么卜辞中最早的干支记录，就是明确说明了帝王祭祀与天文历法的关系。而且，甲骨文中还有"今春""今秋""日至"等记载，可见商代甚至商代以前，禹域境内就有了季节的划分。及至春秋时代，则更详细划分了冬至、夏至、春分、秋分、立春、立夏、立秋、立冬等八个重要节气点，即《左传·禧公五年》（前655年）所记"凡分、至、启、闭，必书云物"。"分"指春分秋分，其日昼夜平分，故谓之分。"至"

指夏至冬至，其日昼极长或极短，其影亦极长或极短。至有极的意思，故谓之至。"启"指立春立夏，春生夏长，古人谓之阳气用事，启有开的意思，故谓之启。"闭"指立秋立冬，秋收冬藏，古人谓之阴气用事，故谓之闭。尤其冬至这一节气，最为重要。因为古人以土圭测量日影，以定冬至。冬至之月既定，于是再推定其他月份，为功较易。所以《左传》僖公五年鲁国史官特别记载："正月辛亥朔，日南至。"而这一记载，也是中国古籍中关于冬至的最早记载。

中国历法历书中，还有"三正"的传统，即以不同的月份为岁首。以冬至月（即夏历十一月）为正月的，称"周正"；以冬至后一个月（即夏历十二月）为正月的，叫"殷正"；以冬至后两个月（即夏历正月）为正月的，称"夏正"。以今言古，也就是说商代人是在十二月朔日过新年，周代人则在十一月朔日过新年。我们今天所说的"农历"，其实就是"夏正"，即是以夏历正月为新年之始，因此我们至今称农历为"夏历"。

古人认为，夏正、商正、周正三正之中，以夏代所行之历法，最能符合日月星体运行与人间四时之对应关系，因此《左传》有"夏数得天"之语。唐代孔颖达《春秋左传正义》中解释说："斗（案：指北斗七星）柄所指一岁十二月分为四时。夏以建寅为正，则斗柄东指为春，南指为夏，是为得天四时之正也。"也就是说，四季的划分，以夏正所定之月，与天地四时之关系，最为相符。现存的《大戴礼记·夏小正》一篇，相传就是夏代遗书。这篇文字按照夏正十二个月的顺序，详细记载了大自然包括天上星宿、地上生物的相应变化；也记录下了上古先民，如何依照四时季节，长期观察生物的周期性习性，包括植物的发芽、开花、结果，候鸟的迁徙，动物的冬眠，等等。此种经验历代累积，遂慢慢记录下了今日所说节气与物候的关系。

二十四节气，除了用来指引农业耕作，在人间，无论帝王与百姓，也均会依照节气与物候的对应，拜祭相关神明。如岁末腊月（夏历十二月）大寒节气前一日，自古皆有"大傩"驱疫这一仪式，及至今日，香港港岛区大坑保留的中秋节舞火龙，就是取其遗意（参《颛顼篇》）。又如立春日祭祀社稷（参《神农篇》）、春分日则祭祀高禖（参《女娲篇》）等，都是由此而来。明（1368—1644）清（1636—1911）两代的皇帝，尤其重视天地人之关系，在北京皇城内，先后修建了专供皇家祭祀祈福的天坛、地坛、日坛、月坛、社稷坛、太庙、先农坛、先蚕坛等，依时祭祀，以体现天时节气与物候人伦之间的对应。

春秋战国时期，各国曾经采用不同的历正，如晋国用夏正，鲁国用周正，秦楚则以十月为岁首。秦始皇统一天下（前 221 年）之后，依然亥以建十月为岁首。此时颁行全国的历法就叫《颛顼历》，秦始皇的这一行为，无疑也有助于我们理解颛顼与历法的渊源（又参本书《颛顼篇》《黄帝篇》）。及至西汉太初元年（前 104 年），汉武帝正式改正朔，颁行《太初历》，重新行夏正，即恢复以夏历正月为岁首，至今沿用。而且《太初历》第一次把二十四节气收入历法。正是因为"夏数得天"，故自古以来夏历比较符合中国一年四季的气候变化，二十四节气对以后的农业社会起到了重要的指引作用。元代的学者吴澄《月令七十二候解》中记载：到了北魏时期（386—557），官方已经将二十四节气与七十二物候，均载入历法历书之中了，其目的就是"欲民皆知，以验气序"。唐代沿袭北魏以来的传统，官方民间均重视二十四节气与七十二物候的对照，民间历书的内容，大致就是在唐代确定下来了。

降至清代，官民所用之历书，例由官方钦天监颁订。《清稗类钞·时令类》"进历颁历"条中说钦天监每年十一月初一日颁历于百官，而且民间历书无钦天监印者，皆被视为伪造，按律当处斩。乾隆元年，避清高宗弘历名讳，所以改"时宪历"为"时宪书"，《清史稿》的历志即称《时宪志》。据清人吴振棫《养吉斋丛录》记载：清代时宪书有清文、汉文、蒙古文字版各一。此等历书既然是由皇家政府颁行，所以在民间也被百姓称为"皇历"了。

至于清代民间历书的内容，则包括了星宿运行、节气、朔望交食、流年方位、日用宜忌等诸多内容，可说是一本日常生活的万能参考书，因此民间也称其为"通书"。今日华人世界中，中国香港依然保留了出版传统"通书"的习俗。但粤语中忌讳"书""输"同音，所以"通书"就被改称为"通胜"了。1911年辛亥革命后，民国政府虽然还出版历书，但删除了流年、方位、吉凶宜忌等内容。在香港，"历书"这一文化载体不意沿袭清代传统，被较为完整地保留了下来。今日的香港华人，依然按照"通胜"内容，诹吉而举行人生大事，如婚丧嫁娶、立约开市等。而历书中所言某月某日"宜祭祀""宜祈福"也是一项关乎百姓生活的重要指南。这里所指"祭祀""祈福"其实就是指民间祭祀祖先，向神明祈求降福的仪式等，其意义与人间帝王依据天文历法祭祀天地山川宗庙是一样的。

今日华人耳熟能详的二十四节气歌，"春雨惊春清谷天，夏满芒夏暑相连，秋处露秋寒霜降，冬雪雪冬小大寒"乃依人间顺序，以春为四时之首，然而祖先要推定二十四节气，乃是以冬至日为基准，即首先要确定冬至的日期，然后再顺序推定其他节气（参《颛顼篇》）。今时今日，香港的华人仍然称冬至为

"冬节"，以示重视，故广东俗语中更有"冬大过年"之说。"大过"在粤语口语中表示"更重要"的意思，也即是说"冬至这一节气，重要过农历新年"。此中深意，正是由于冬至节气的重要。所以香港的传统华人商户，会在冬至这一天特别放假，东主伙计均可回家过节团圆。反而在农历新年除夕日，会照常营业。笔者的各地友人，就有在冬至当日在香港旅游的经历，他们注意到很多传统华人商铺餐厅，在冬至当日停止营业，"放假一天"。彼等对这一在各地均失传已久的文化传统，印象深刻。

冬至过后，就是夏正的农历新年了，古人称之为"元旦"。今日海峡两岸华人，称夏历正月初一日为"春节"。这是因为在1911年辛亥革命后，民国北洋政府要改用公元，为了区分农、阳两节，袁世凯将元旦定为每年西历的1月1日，将夏历正月初一改名为"春节"了。港人却因特殊历史原因，依旧沿袭清末旧例，将夏历正月朔日称为"农历新年"。综上所述可见，作为传统文化载体之一的民间"历书"，保留下了中国传统文化的内容，更因历史原因，保留这些内容因时因地不尽相同。此间差异，神奇地见证了政治与文化之间的相互影响。

七

中华大地同享一种历史文化传统，同源同根。其中最能体现此种文化传统与文明渊源的载体之一，就是曾经遍布民间的庙宇了。

古人将祭祀神明、祭祀先人之所称为"宗庙"或"庙"。"庙"有"面貌"之含义。港台两地，尤其是今日台湾，保留了不少清代以来祭祀自然神、宗祖神的庙宇，以及诸多氏族的家庙宗祠。"取今以证古"，这些保留具体"样貌""面貌"的文化载体，为今人继承发扬传统文化，提供了切实而宝贵的依据。据此而溯源寻根，当可避免后人歧路而亡羊，数典而忘祖。笔者志业所在，在台湾与"班马"同仁一起，以纪录短片的形式，重点拍摄了台湾有建筑特色和历史意义的过百座庙宇，同时采访了相关的三十八位庙宇艺术匠师。这些匠师中包含了土木建筑、木石雕刻、陶瓷剪黏、壁画彩绘等诸多方家。企划伊始，就是希望通过记录这些具体有形之文化载体，表现中国传统文化的无形之美。

如我们拍摄的台北保安宫，庙宇内主要供奉保生大帝。他本是一位北宋（960—1127）年间悬壶济世的医生，死后被闽南一带的乡间百姓崇拜。后来被引入台湾，成为民间信仰。此庙又同时供奉神农，是台湾祭祀神农与医药之神的重要庙宇之一。每年夏历四月举行的神农诞生祭典，为全台湾祭祀神农仪式最完整的祭典。而此座祭祀神农大帝的庙宇保安宫，还是台湾最著名的"对场作"庙宇建筑代表（有关"对场作"，参本书《神农篇》及李乾朗《直探匠心》，台北，远流出版事业股份有限公司，2019 年）。至于保安宫正殿所绘之壁画，乃是 1973 年由台湾名匠潘丽水所作，每一幅壁画均构图严谨，用色华丽典雅，内容讲述的都是中国古代历史文化典故，如三国演义中的"贤哉徐母"故事、南宋岳飞"精忠报国"的故事、钟馗嫁妹的故事以及道教故事中的"八仙过海"等。画风典雅，颜色艳丽，将中华传统文化中的民间传说、历史故事展现得栩栩如生。

庙宇之外，台湾还保留了众多家族祠堂，其中位于台北市的陈德星堂，就颇具特色。"陈"是姓氏，"德星"是其堂号。此建筑是台湾漳派庙宇建筑名师陈应彬主持改建的陈氏家庙。陈应彬（1863—1944）祖籍福建漳州，祖上世代为大木工匠。清光绪（1875—1908）初年台北府城兴建期间，据说家中长辈曾参与城楼或城内官署衙门的建造，陈应彬也因此习得中华传统建筑中的大木技术。现存的陈德星堂，属于中国传统建筑中"两殿两廊双护室"形式，是台湾典型的寺庙宗祠平面配置。具有祭祀祖先、传承家训、维系族人以及彰显宗族力量的多重功能。

陈姓乃台湾第一大姓，溯本求源，陈乃虞舜之后。《史记·陈杞世家》载，周武王克商之后，寻求舜之后人，封之于陈（今河南省淮阳一带），这是陈氏最早之出。至于杞国，则为夏禹之后，也是武王克殷之后所封。太史公编著《史记》，采《大戴礼记》之说，以虞舜、夏禹既然同为颛顼之后裔，故将陈、杞合篇，同入《陈杞世家》。

台北的保安宫、陈德星堂，无论是建筑风格，还是历史意义，均是鲜活的中国文化传统见证。至于本书之主角盘古、女娲、伏羲、神农等，也都可在台湾找到祭祀他们的庙宇。这些庙宇中的神像，据说有些还是明清两朝福建沿海的先民，从大陆奉来台湾安置的。此后大陆"文革"十年，历代祭拜这些自然神、始祖神的庙宇、陵寝慢慢消失。此类文化载体既去，文化传承无异大树飘零。侥幸的是，这些保存在台湾的庙宇祠堂，却体现出中华文化在民间的传承与创新之义。尤为重要的是，这些文化载体，让我们今天能因此作为参照与起点，以远古神话为主题，以文史知识和岁时风俗为辅，重新展开一次文化传统的溯源之旅。

小 结

因为历史的变迁以及政治文化的不同，先人历代相传的民间文化传统，多已沧海桑田。禹域境内的年轻一代，对于当今侥幸保留下来的文化硕果，虽日用之而不明其所由来，更不知其背后所蕴含的历史文化精神，尤其近年来传统文化更趋标语化、商业化。笔者私意，这本小书在集腋成裘相承补益之外，能唤起更多国人读者，在朴实的日常生活当中，珍爱先人遗留之优秀文化传统，在忙碌的工作以外，勤读文史经典而远离八股时文。

本书的内容与题材，于象牙塔内之学者，颇怀杀鸡牛刀之意；而时俗之作文者，则有力不从心之憾。至于历史学专著、历史类读物，或曲高和寡或羊质虎皮，尤其是坊肆所谓"国学"读物，则更多良莠不齐土龙祈雨之类。笔者志在考古询今，采旧增新，以求便于初学而又不至取笑于通人。若此本小书，能使青年读者稍知中华文明渊源之一面，略解天地人情之道理，则足消笔者越淮之忧与添足之惧矣。

盘古

·

天地肇始　宇宙初创

甲
神话传说

战国时期楚国诗人屈原，在《天问》一篇中，曾经发出过这样的疑问：

遂古之初，谁传道之？

上下未形，何由考之？

冥昭瞢暗，谁能极之？

冯翼惟像，何以识之？

明明暗暗，惟时何为？

阴阳三合，何本何化？

圜则九重，孰营度之？

惟兹何功，孰初作之？

这段文字其实是在叩问天地万物之起源，以今言翻译出来，大意如下：

远古鸿蒙虚无的最初，谁能够传道？

那时天地未分，后世何以能考知分别？

日月昼夜，谁能够穷知弄清？

天地间有什么在回旋浮动，如何可以分明？

宇宙或明或暗，这又是为何？

阴阳二气，和合为生，又是来历如何？

穹窿的天有九重，是何人量度呢？

如此万年洪荒的工程，何等伟大，谁是最初的创造者？

　　游国恩主编的《天问纂义》一书中说："屈子以《天问》题篇，意若曰，宇宙间一切事物之繁不可推者，欲从而究其理耳。"确是不易之论。《天问》一篇从天地未形之先说起，有天地方有人，有人类方为一世界。

　　我们也不禁好奇：屈原为什么会想到这些天地阴阳日月星辰的奇幻问题呢？中国神话故事中，有关天地初开、宇宙创始的传说，又是怎样的内容呢？西汉史家司马迁所著《史记·楚世家》卷中记载：屈原与楚王同祖同姓，楚国的先祖，就是传说中"绝地天通"的大神颛顼（另参本书《颛顼篇》）。颛顼即帝高阳氏，高阳氏生称，称生卷章，卷章生重黎，重黎就是楚国之先祖了。自夏、商两代以来，重黎氏世掌天文历法之职，也就是"司天司地"之官了。屈原不仅出生自这个世系，他自己更做过楚怀王的左徒。楚国的左徒，相当于周代的史官，兼掌天文与历法之职。所以屈原正是以这样的特殊身份，对于幽眇莫测的宇宙天地，如何创始产生，提出了疑问。

到了三国时期（220—280），吴国人徐整完成了《三五历记》一书。此书叙述了中国历史传说中三皇五帝的故事，其中就有盘古开天辟地的神话故事，可以看作对屈原《天问》的部分解说。《三五历记》中说：当天地还没有分开的时候，宇宙就只是黑暗浑沌的一团，好像一颗大鸡蛋。开天辟地创世的盘古大神，就孕育在这个鸡蛋里面。他在这大鸡蛋中像胎儿一样成长，呼呼大睡，就这样一直经过了一万八千年。有一天，他忽然醒了起来，张开眼睛看见的只是漆黑的一片，闷得人心慌慌。他觉得这种状况非常可恼。心里一生气，不知道从哪里抓过来一把大板斧，朝面前的黑暗混沌，用力这么一挥，只听得山崩地裂似的一声，大鸡蛋突然破裂开来：其中有些轻而清的东西，冉冉上升，变成了天；另外有些重而浊的东西，沉沉下降，变成了地。当初还是混沌不分的天与地，就这样被盘古大神的板斧一挥，划分开来了。

传说天和地被分开以后，盘古怕它们还要合拢，就头顶天，脚踏地，站在天地间当中，随着它们的变化而变化。天每天升高一丈，地每天加厚一丈，盘古的身子也每天增长一丈。这样又过了一万八千年，天升得极高了，地变得极厚了，盘古的身子也变得极高了。盘古的身子究竟有多高呢？传说足足九万尺那么高。这巍峨的巨人，就像一根长柱子，撑在天和地的当中，不让它们有重归于黑暗混沌的机会。他孤独地站在那里，做这种撑天柱地的辛苦工作。又不知过了多少年代，到后来，天和地的构造似乎已经相当巩固，盘古不再担心它们会合在一起，他实在也需要休息休息，终于，他也和我们人类一样倒下来死去了。

盘古临死时，他口里呼出的气变成了风和云，他的声音变成了轰隆的雷霆，他的左眼睛变成了太阳，右眼睛变成了月亮，他的手足和身躯变成了大地的四极和五方名山，他的血液变成了江河，他的筋脉变成了道路，他的肌肉变成了田土，他的头发和胡须变成了天上的星星，他的皮肤和汗毛变成了花草树木，他的牙齿、骨头、骨髓等，也都变成了闪光的金属、坚硬的石头、圆亮的珍珠和温润的玉石等。就是那最没用处的身上的汗，也变成了雨露和甘霖。总之这垂死化身的盘古，用他的整个身体来使这新诞生的世界变得丰富而美丽。

《三五历记》记述的盘古神话，其实体现出了上古人类或者说是 3 世纪时期，禹域神州境内的先民，对于天地宇宙、海洋陆地的幻想与认知。巧合的是，在地质学上，3 亿年前的古生代中生代原始大陆，英文名称就是Pangaea，翻译成中文，也被称作"盘古大陆"。看来，这盘古开天辟地的神话，虽然无法于更古的文献资料中得以考实，却似乎也在人类情理想象之中。

战国时期的宋国人庄子（约前369—前286），与楚国的屈原生活年代大致相同。庄子是道家的代表人物，在他的著作《庄子》一书中，也曾对天地初始有过类似《天问》的描述，如"泰初有无，无有无名。一之所起，有一而未形"（《庄子·天地篇》）。此外，庄子更以寓言的形式，讲出了颇富哲理的混沌初开、天地肇始之故事。可见，在那个时候的古人，似乎对于天地初创宇宙洪荒的神秘话题，都是充满了兴趣。庄子的寓言故事是这样说的：

当初中央的天帝叫混沌，南海的天帝叫儵，北海的天帝叫忽。儵和忽经常到混沌那里去做客，混沌每次也殷勤招待他们。有一天儵和忽想报答一下混沌的款待。他们说每个人都有眼耳鼻口等七窍，偏偏混沌一窍都没有，好可怜。我们不如去帮他开出窍来。混沌居然也相信了他们。儵与忽便一天凿一窍，七天开了混沌七窍。但是可怜的混沌经他的好朋友们这么一凿，身体虽然开了窍，性命却没了，颇有今日所见"不亡于病而亡于药""手术成功病人死了"的荒唐结局。混沌虽然就这样无端端死了，但是整个宇宙世界却因此而诞生了。当然，在这个寓言中，庄子是要以"混沌"来暗喻上古以来就浑然一体的"道"，以展开他的哲学思想论述。但是"混沌"这一概念，却是颇有古代神话之遗意。

在世界各地的创世神话中，确实存在不少"混沌""混沌蛋"或者"宇宙蛋"的题材形象来描述宇宙生成的。比如在古埃及神话中说，天帝之初，创造之神普塔创造了一个原始蛋，宇宙从中孵出。在古希腊神话中，宇宙也是混沌状态，天地不分，陆地、水、空气三者混在一起。此时有主宰者名 Chaos，与他的妻子——夜之女神，一同主宰世界。其后生下一极大的蛋卵，育化之后，才有了天地万物。所以及至今日，英语 chaos 的汉译也依然译作"混乱"或"混沌"。至于北欧的创世神话，则以宇宙为混沌一团，无天无地无海，唯有神与巨人。他们的后人繁衍生息，天地才自然始成。可见，古今中西都是以"混沌"象征了天地初开的宇宙原始样貌。

而在中国的神话传说中，"混沌"作为一种神明，确有记载，它就是天神帝鸿的名字。据《山海经·西山经》说："有神焉，其状如黄囊，赤如丹火，六足四翼，浑敦无面目，是识歌舞。"这怪兽样貌也确实奇怪：圆圆的像个皮口袋，颜色红得像一团丹火，六只脚四只翅膀，没有眼耳口鼻，然而却擅长音乐舞蹈。

传统华人社会，尤其是中国大陆北方地区，一直有这样一句俗语：冬至饺子夏至面。意思是说在二十四节气的冬至这一天，北方人要吃馄饨或水饺。清朝人富察敦崇所著《燕京岁时记》中说："夫馄饨之形有如鸡卵，类似天地浑沌之象，故于冬至日食之。"这段记载不仅描绘出了天时与人事之关系，突出了应时食物的形象，更解释了前述"宇宙混沌"的神话遗意如何在民间生活中得以体现。今日中国，冬至日北方吃饺子，南方吃汤圆，二者均为圆形球状的食物，这无疑说明了"交子（饺子）""馄饨"之名的神话传说含意。

吾国先民，早就将丰富的传统文化内容，融在岁时习俗与日常生活中，更是特别赋予了应节食品以文化含义。神话与节日，节日与习俗，习俗与食物，食物与文化，原来与我们的生活是如此息息相关。

乙

文史典故

盘古与桃花源

有学者考定，徐整《三五历记》中盘古开天辟地的神话传说，其史料依据，当是来源于瑶族的盘瓠神话，以及苗族民间流传至今的《盘王书》。就像西方基督教《旧约·创世记》中描述的上帝一样，苗族的史诗《盘王书》中，同样也将盘古形容为开天辟地造物神的形象，而且还说盘古是人间各种文物器具的制作者。时至今日，瑶族人也都以为盘瓠（即盘古）还掌管着人间的生死寿夭贵贱，因此虔诚祭祀。"盘王节"（通常在夏历十月十六日举行），也就成了瑶族最主要的节日。而盘姓迄今依然是苗、瑶等族的主要姓氏之一。

苗、瑶等族人相信，神话传说中盘古即盘瓠是一条神犬。《山海经·海内北经》中记载，禹域内有一"犬封国"。东晋郭璞注《山海经》，于此条下曰："是为狗封之国也。"那这个与狗有关的地方到底是从何而来呢？《后汉书·南蛮传》详细记载了这个所谓的"狗封之国"：

昔高辛氏有犬戎之寇，帝患其侵暴，而征伐不克。乃访募天下，有能得犬戎之将吴将军头者，购黄金千镒，邑万家，又妻以少女。时帝有畜狗，其毛五采，名曰盘瓠。下令之后，盘瓠遂衔人头造阙下，群臣怪而诊之，乃吴将军首也。帝大喜，而计盘瓠不可妻之以女，又无封爵之道，议欲有报而未知所宜。女闻之，以为帝皇下令，不可违信，因请行。帝不得已，乃以女配盘瓠。……经三年，生子一十二人，六男六女。盘瓠死后，因自相夫妻。织绩木皮，染以草实。好五色衣服，制裁皆有尾形。……今长沙武陵蛮是也。

可见，至今苗族、瑶族、畲族等祭祀的"盘瓠"，与中原传统神话传说中的盘古略有不同，彼"盘瓠"原来是一只具有神力、可取敌将首级的五色神犬，而且还和帝王之女结合，繁衍了人类后代。这段史料中的"高辛氏"，其实就是远古神话传说中的帝喾（案：有学者认为帝喾就是帝俊，参袁珂《中国古代神话》一书，而帝俊，则就是我们在本书《颛顼篇》附篇中讲到的帝少昊。在中国古代神话故事中，帝喾与帝俊与少昊，似乎是同一个人物）。

而所谓"今长沙武陵蛮"的"今"，时代则是指南北朝刘宋时期（420—479），"长沙武陵蛮"也就是指今天瑶族、畲族、苗族等少数民族的祖先，在当时被称为"南蛮"。这些南蛮世世代代祭祀自己的始祖盘瓠，唐代诗人刘禹锡（772—842）就在《蛮子歌》中描述唐代苗蛮族群"蛮语钩辀音，蛮衣斑斓布。熏狸掘沙鼠，时节祠盘瓠"。所述的内容，正与《后汉书》所记相合。

20世纪初期的考古学家与人类学家研究认为，中华民族的构成，主要包含了上古的三大部族族群：华夏族群、东夷族群和苗蛮族群。苗蛮族群原本居住在今天河南省南部和湖北省北部，受逼迫而迁到长江中游的鄱阳湖、洞庭湖及江西部分地区，其后裔甚至可能迁移到了更南方的湖南、四川和云贵一带。而分布在江汉流域，距今四五千年的屈家岭文化，很可能就是上古苗蛮族群文化的遗留。前引《后汉书·南蛮传》中记载："（其人）好五色衣服，制裁皆有尾形。"这一传统的遗留，也正是反映了这一族群的宗祖神——五色神犬——的特征。我们看今日瑶族男女过"盘王节"，依然可见其服饰，尤其是妇女的服饰，保留了史书所记载的五彩缤纷之传统，亦即刘禹锡诗所云"蛮衣斑斓布"者。

《后汉书》的作者范晔（398—446），生活在魏晋南北朝之刘宋时代。那个时代的"长沙武陵蛮"族群中，有一个著名的历史人物陶侃。陶侃是东晋（317—420）初期的朝廷重臣，为匡扶晋室立下了赫赫战功，其生平可看《晋书》卷六十六《陶侃传》，此不赘述。唐代史臣修《晋书》，特别指出"（陶）士行望非世族，俗异诸华"，也就是在强调说陶氏出身绝非传统华夏，其源自异族。

对于陶侃这一历史人物，读者或许有些陌生，但是其曾孙陶渊明，作为历史上最著名的田园诗人，就家喻户晓了。史书记载，陶渊明字元亮，乃浔阳柴桑（今江西庐山）人，生于晋哀帝兴宁三年（365年），卒于宋文帝元嘉四年（427年）。其所出之溪族，就是魏晋南北朝以来生活在今湖南、江西一带的南蛮少数民族，在当时以渔猎为生。所以陶渊明在《桃花源记》中说"武陵人，捕鱼为业。缘溪行，忘路之远近"，描写的正是当时自己及其祖先溪族人的真实生活。陶侃、陶渊明这一世系，也正是中国远古神话故事中"盘瓠"的后人呢。

陈寅恪先生的研究就明确指出，陶侃、陶渊明一族就是前引《后汉书·南蛮传》中的"今长沙武陵蛮"也，即古老的溪族。陈先生说："武陵长沙庐江郡夷，槃瓠之后也，杂处五溪之内。此支蛮种所以号为溪者，与五溪地名至有关系。江左名人如陶侃陶渊明亦出于溪族，最使人注意。"与陶侃同时代的人，也确实相信溪族与盘瓠、溪族与五色神犬有关的历史传说。《世说新语·容止篇》中载："（苏峻平后）温（峤）劝庾（亮）见陶（侃），庾犹豫未能往，温曰：'溪狗我所悉，卿但见之，必无忧也。'庾风姿神貌，陶一见便改观。谈笑竟日，爱重顿至。"相关的史实在《晋书·陶侃传》中亦有记载。如果《世说新语》此篇记载的历史细节亦属实的话，以当时温峤、庾亮、陶侃三人之社会名位和彼此关系，温峤口中的"溪狗"，绝非轻诋之语。此中原因，前辈学者的解释似乎意有未周。唯当我们了解了盘古神话，了解了五色神犬与帝女的传说，并注意到今日瑶族对盘王节的重视，当下即能豁然而明"溪狗"之意思。因为温峤此语，恰恰如实道出了陶侃、陶渊明这一世系的种族起源，这与前引《晋书》所载，以及陶渊明文章所自述，皆若合符契。因为古人，尤其是华夏以外民族，对自己种族起源的传说，向来不予禁忌。正如隋唐时代之突厥族，便是以"狼"为民族图腾。唐高祖李渊曾经称臣于突厥，对于突厥军队之"狼头纛"也就受而用之。又如突厥可汗之近身侍卫之士，名为"附离"，以汉语译出来，就是"狼"的意思。因为传说突厥本是狼生，所以突厥人自己并不讳此。这与温峤以"溪狗"代指陶侃，取意实同。

《后汉书·南蛮传》中的南蛮、魏晋南北朝时期的长沙武陵蛮，及至今日的苗族、瑶族、畲族、土家族等，或远或近，或多或少，均与上古盘瓠神话有关，在当时，其族人本身从不忌讳这点。由此可见，神话传说与民族起源以及文化风俗等，确实皆渊源有自。

丙
四时人间

盘古与二十四节气

寒露 霜降

与盘古、盘瓠神话相关的节气，有寒露、霜降。

前文叙述了盘古与盘瓠的神话，又由盘瓠讲到了汉代以及魏晋时期的苗蛮族群，进而知悉原来陶渊明一族就是盘瓠的后裔。除了前引《桃花源记》，陶渊明最脍炙人口的名句自然就是"采菊东篱下，悠然见南山"了。百花之中的菊花，也正是因为有了陶渊明的吟咏，而有了"陶菊"的雅号。

中华民族以农立国，二十四节气就是初民在长期农耕生活中，观察物候，彼此融合而总结出的一套自然法则，是初民对自然对土地最亲密接触后的经验之谈。每个节气相距15日左右，古人就将其分为三候，每一候约5日。通过对物候的细心观察，古人很早就发现在寒露时节的第三候，地上便"菊有黄华"。及至霜降节气的中候，就是"草木黄落"了。此时大地上繁花落尽，却唯有秋菊晚来吐芳，异于他华。菊花享有"寿客""寿菊"之美誉，正是因此。在现实生活中，无论帝王将相，还是寻常百姓，家中所用的茶具餐具，多有"菊花"图案，寓意长寿。

菊花绽放，大约是在每年的深秋时节，在传统的二十四节气中，正是秋季的寒露与霜降前之间。"秋处露秋寒霜降"，每年的10月8日或9日，太阳到达黄经195°，这便是二十四节气中第十七个节气"寒露"了。俗语说"春分日日暖，秋分日日寒"，中原大地在寒露节气之后，尤其是一天比一天肃寒。此时露水更多，原先地面上洁白晶莹的露水即将凝结成霜，寒意愈盛，故名"寒露"。家中长辈也一定会开始叮咛："小朋友要记得穿好袜子，不可以再光脚丫到处跑啦。"老辈中人信奉"白露身不露，寒露脚不露"的养生之道，故特别留意寒露节气，穿衣服就不能再背心短裤，且更应该注重足部保暖。这确实也是先民长期体会四时变化，世代传承的经验之谈。

即使在中华大地南部，虽然四季不是特别分明，气温也不是很寒冷，然农家对四季物候变化的观察，依然特别入微。如广东俗谚有"寒露最怕风，霜降最怕雨""寒露刮大风，十个田头九个空"的讲法，可见寒露这天如果适逢刮大风，来年田地的庄稼将恐失收。这也正是依天吃饭、辛苦耕作的农民最关心之事。

至于"霜降"，它是二十四节气中秋季的最后一个节气。每年10月23日前后，太阳到达黄经210°时，为中国夏历中的霜降节气。霜降表示此时天气更冷了，露水会凝结成霜，而且夏季的酷暑会全然消失，大陆沿海地区台风季节也因此跟着结束，台湾农谚也有"霜降风台走去藏"之语。相比寒露，霜降意味秋天将逝，而寒冬即将来临。此时草木枯黄，大地始眠。《月令七十二候集解》中说："九月中，气肃而凝，露结为霜。"因此古人又称夏历九月为"青月"，这是司掌霜雪的女神青女出现的月份，秋季第一次出现的早霜更有个与菊花有关的名字：菊花霜。

我们还知道，陶渊明世称"靖节先生"，一生"不为五斗米折腰"，此等傲霜风骨，正是菊花的特性。故菊花也就特别受到历代有志诗人的喜爱。陶渊明自己在其《和郭主簿》诗中就直言菊花之可贵："芳菊开林耀，青松冠岩列。怀此贞秀姿，卓为霜下杰。"正是因为菊能傲霜，故方显其品格。唐代诗人元稹《菊花》诗也说："不是花中偏爱菊，此花开尽更无花。"陶渊明和菊花，已经成为历代文人风骨的象征。

陶渊明不仅爱菊花，还好酒。其《饮酒》诗曰："秋菊有佳色，浥露掇其英。泛此忘忧物，远我遗世情。"又在《九日闲居》里写："酒能祛百虑，菊为制颓龄。"可见菊花不仅可供诗人观赏自喻，还能入酒入药，却病延年。中国历史上很早就有酿饮菊花酒，健身延年的习俗。早在屈原的《离骚》中就说："朝食木兰之坠露兮，夕餐秋菊之落英。"可见菊花很早就被古人用来入馔了。杂载西汉人传闻轶事的笔记小说《西京杂记》中说在汉高祖的时候，宫内已经开始饮用可令人长寿的"菊华酒"。酿造方法大概如下："菊华舒时，并采茎叶，杂黍米酿之，至来年九月九日始熟，就饮焉，故谓之菊华酒。"菊华酒当然就是菊花酒了。20 世纪 80 年代，北京有酒厂以清廷配方，也酿造出菊花白酒。据记载，此菊花白酒选用优质杭州白菊花、人参、杞子、熟地、云苓、沉香等20多种名贵中草药为原料。将原料浸泡在高粱白酒中，入罐密封。数日后再将泡制后的酒倒入机器中，进行高温蒸馏，调和酒精度，并加糖贮藏和过滤勾兑，才最终称为"菊花白"。菊与酒，正是天生绝配。

除了深秋时节的菊花可入药入酒，某些食物在霜降日过后采摘食用，也会特别鲜甜。科学数据也证明，"打霜"过的水果，甜度更高。因为当"霜"出现在植物表面后，植物就会启动"抗寒"反应，淀粉在淀粉酶的催化下转换变成葡萄糖，蔬果因而变得鲜甜。所以民谚云"处暑高粱白露谷，霜降到了拔萝卜"，其意就是指人间要依时而行依时而食。每种农作物都有它自己的生长周期，而秋天，正是大部分果实最甜美的时候。民间习俗还相信，"补冬不如补霜降"，即认为秋补比冬补更要紧，如闽南谚语里有"一年补通通，不如补霜降"。很多地方在霜降时节会煲羊肉、煲羊汤，有吃兔肉，甚至吃牛肉的风俗，以此来保障身体的暖和与强壮。

人间四时，不外衣食住行。深秋时节，在穿衣方面，除了前面讲到的小孩子要穿袜保暖以外，成年人也要开始准备冬衣了。《诗·豳风·七月》中就说"七月流火，九月授衣"（此处的七月、九月均指夏历而言）。《诗毛氏传》解释说："九月霜始降，妇功成，可以授冬衣矣。""授冬衣"也即是说人间要依照天时，开始准备抵御严寒的冬天厚衣服了。

传统华人体察天地四时，领悟大地万物之情，自盘古开天辟地以来，依历受时，敬守自然法则，在禹域境内繁衍生息，从而创造出历史悠久的中华文明。

"庙"不可言

河北沧州市青县盘古庙遗址

禹域境内，祭祀盘古的庙宇，以河北省沧州市青县盘古寺最为古老与著名。此地保留了不少关于盘古的文化遗迹，唯此座盘古庙已于 1946 年毁于战火。今日游客所见之盘古寺，乃是在原来庙宇的遗址上重建，已非昔日旧观。

青县故老相传，大禹治水的时候，在这里发现了盘古墓。大禹首先把盘古墓修好，接着又修了享堂祭殿，然后留下 200户人家，100 户守墓，100 户看殿。人们把看殿的这 100 户人家叫大盘古村，那 100 户守墓的人家叫小盘古村。大盘古村位于黑龙港河（古黄河故道）西岸，小盘古村在其南，至今已有约5000年历史了。此外青县还有盘古墓、盘古沟等历史遗迹，仅明清史志记载的盘古文史遗迹就有十项之多。今日盘古寺西侧河对岸，依稀可见盘古墓之遗存。

史料中明确记载的修建盘古王祠年代，是元世祖忽必烈十五年（1278年）。元明清以来，曾反复损毁、修建。有记录的就达10次之多。其间地址、规模、格局多有变化，又以明朝年间扩修规模最大、规格最高。明孝宗弘治十七年（1504年），参考紫禁城三大殿的模式，组织几百人扩建盘古庙。扩建后盘古庙宇共占地180余亩，分别由牌坊、照壁、前殿（盘古殿）、中殿、后殿（三教殿）等构成。清康熙二十七年（1688年），庙遭洪水冲毁，又易地重建。民国八年（1919年）盘古庙在遭受一次天火后，再次重修。1946年遭战火而被彻底毁灭。2012年复建盘古寺，成今日之规模。

传统华人社会中，庙宇的所在地多有民间庙会。青县百姓相信盘古夏历九月初九诞生，三月初三死去。所以从前青县盘古庙每年三月和九月各有一次庙会。迄至2006年"青县盘古文化节"被确定为河北省首批非物质文化遗产项目。2015年春天，当地还特别举办了第一届青县盘古梨花旅游节。今已均无。

台湾新竹县五指山盘古庙

在台湾地区，唯一主祀盘古的庙宇在新竹县五指山上，名"盘古庙"。

新竹县五指山，位于新竹县北埔、竹东、五峰三个乡镇之间。因山峦五峰并列，形状如人的手掌五指并伸，故而得名。盘古庙就坐落于海拔 800 米的山间。据庙方资料记载，清朝光绪年间（1875—1908），就已经有当地乡绅在此间建庙。1919 年则正式建立起盘古庙，供奉的就是华人百姓口中自古相传的大神盘古。庙宇经历了 1934 年、1975 年两次重建，最终于 1985 年完成扩建而形成今日之规模。

现在新竹县五指山上的盘古庙，祭祀的盘古神，左手持凿，右手持斧，表达的正是盘古开天辟地的神话内容。此外庙内还保留有彩绘门神秦琼、尉迟敬德像，彩绘中国历史故事岳母刺字等，以及二十四孝石雕图、传统交趾陶剪黏等，完整保留了中华传统建筑中的庙宇建筑特色。

台湾的新竹县，以客家人聚集而闻名。盘古庙山脚下的北埔老街，在清朝曾是当地最热闹的商业中心。现今短短 200 米的街上，就有 7 处古迹，密集度为全台湾之冠。从一级古迹金广福公馆、天水堂，到三级古迹慈天宫、姜阿新洋楼，一一展现了台湾社会与经济发展的历史。在老街上，除了可以欣赏传统建筑、传统文化之美，更可以品尝到以客家风味为主的美食与小吃，如最地道的客家擂茶和柿饼。至于客家的盐焗鸡、梅菜扣肉等招牌菜，更是令游客闻香下马。尤其可贵的是，北埔老街整条街没有大型的现代建筑与连锁商店进驻，依旧保持着纯朴的文化气息。异日游宝岛台湾，新竹五指山盘古庙与北埔老街，均值得驻足。

女娲

·

造人补天 黄金时代

屈原《天问》：

女娲有体，孰制匠之？

我们在《盘古篇》讲到，盘古大神开辟了天地自然，宇宙万物亦随之生成。接下来我们不禁要问：人类又是从何而来呢？

在中国的远古神话故事中，相传是女神女娲创造了人类。所以屈原又在上引《天问》中提出：女娲既然是做成别人身体的造物主，那她的身体又是谁做成的呢？东汉时期的王逸在《楚辞章句》中说女娲是人头蛇身，一日可变化七十次。近代山东武梁祠出土的汉代画像砖，上面的女娲图像确实就是人头蛇身。至于女娲的性别，同是东汉人的许慎，在其编写的中国第一本字典《说文解字》中说"娲，古之神圣女"，是将女娲视作化育万物的神。可见至迟自东汉开始，已经将女娲视作女性的天神了。

天神女娲在盘古开辟出的空旷天地间四处游荡，不停变化，可能久了也觉得十分寂寞孤独，她觉得这天地之间，应当增添一点什么东西才有生气才热闹。一日，她来到一处河边，看到河水照映出自己的形貌，不禁心中一动，想到了一个方法。女娲利用泥土和河水，按照自己的样子揉团成一个泥塑，又做了两只脚，代替了尾巴，如此也好和上肢双手相配。刚放到地面，这个小小的泥塑就活了起来，呱呱叫着欢喜地走了起来。女娲将她造的泥塑称作"人"。人的身体虽然渺小，但因为是神亲手创造的，和飞的鸟、爬的虫、跑的兽都不相同，所以人似乎天生就有管理大地的灵性。

女娲看到自己创造的人类，心里面充满了惊讶和喜悦，她想让人这种有手有脚的小生物遍布大地，所以她不停地捏啊捏啊，可是这样造人速度实在太慢了，也实在太疲累。于是女娲又想到了一个简单快速的方法，她找来一些植物，编成一条长长的绳子，伸入泥潭中，搅浑了黄色的泥浆，绳子向地上一挥，泥浆溅落的地方，马上就变成了一个个的人。就这样，大地上很快布满了女娲创造的人类。

我们不禁猜想，女娲在禹域境内造的人是黄皮肤黑头发的华人，那么西方神话中的人类又是如何而来呢？在希腊神话传说中，大地女神盖娅（Gaia）第一个从混沌（chaos）之中分离了出来，又从自己指尖创造了乌拉诺斯（Uranus）神，这男女两神结合，生下了六男六女的第一代神族，又称为泰坦族

（Titan）。在西方的历史传说中，人类就是由盖娅和泰坦族神人繁衍出来的，所以盖娅是古希腊神话中的母神，是创造了原始神祇和宇宙万物的创造之母，是所有神灵和人类的始母神。这与我们在《盘古篇》中讲到的盘瓠神话颇为类似。盘瓠作为五色神犬，与帝女结合之后也是生出了六男六女，并由此繁衍了中国历史上的苗、瑶等非汉族。而在西方神话中的这个时期，也就是后来被形容为上古神人共处的"黄金时代"。至今在西方很多的文学作品、影视作品中，titan 一词、泰坦神族也依然是大家喜爱的取材与创作内容。

世界上各民族的神话里，似乎还都会讲到在开天辟地、人类诞生以后，又经毁灭乃再由大神收拾残局，拯救和再创造人间之类的故事。禹域境内女娲的神话，也保留了一段气魄宏伟的女娲补天治水、拯救黎民的故事。

传说，某日天上的水神共工与火神祝融，不知道什么原因，突然起了冲突，引起了战争。这共工的样子看起来似乎和女娲有几分相似：长了一张人的脸，一副蛇的身体，还有长长的红色头发，但性情却异常贪婪残暴。共工还有一个臣子，名叫相柳，同样也是人面蛇身，长了九个脑袋，浑身青色，性情也和共工一样。这场水神与火神之间的战争，非常惨烈，从天上一直打到了人间，最后是以火神祝融的胜利而结束。失败的共工非常恼怒，发脾气自残，一头向天界西方的不周山撞去。这不周山，原本是一根支撑天地间的柱子，被共工这么一撞，就轰然折断了。半边天空塌陷了下来，天上露出了大洞。大地的一角也损坏了，地面露出了无数深坑。山林中燃起了大火，烈焰处处；地上则洪水滔天，一片汪洋，各种猛兽猛禽更开始捕食女娲创造的人类。

女娲看到她创造的人类遭受如此惨烈的灾祸，心痛极了，决定把损毁的天地修补好。她先在大江大河中选了很多五彩斑斓的石头，用大火将它们熔化，做成了石浆，然后用这些液体把天上一个个的洞补好。为防止补好的天再塌陷下来，她不知从哪里找到了一只大乌龟，斩下它的四只脚，立在大地的四方，用来代替断掉的天柱，把天空像帐篷一样支撑了起来。接下来女娲又把芦草烧成灰，用它填堵了滔天的洪水，终于平息了天地间的这一场大灾祸。今日中国的华北平原，传说就是这些芦草灰堆积而成的呢。

曾经残破的天地虽然被女娲修补好了，但毕竟没有恢复成原始的样貌，据说西北的天空从此略略有点倾斜，所以太阳月亮星星都不自觉地朝那边跑过去，落向倾斜的西天。东南的大地上，则陷下了一个深坑，所以大川细流的水，也都不自主地向那边流，归于一方。这些传说，无疑是古人对中华大地原始地貌的最朴素描述，古语"天塌西北地陷东南"当正是由此而来。

人类经此洪水灾祸，大量死亡。大神女娲在修天补地之后，又要重新造人了。此时她想：该如何使人类继续生存下去呢？人类死亡一批，就要再造一批，这样太麻烦了，于是女娲把人分成了男女两性，让人类自己交配，去创造后代。人类也就这样绵延繁衍了下来。正是因为女娲分辨了两性，媒合了男女，使人类自己生育繁衍，所以后世就把女娲当作人类最早的媒人了，称呼她为"高媒"（或"高禖"）。高媒就是神媒的意思，女娲也就成为炎黄子孙信奉的婚姻繁衍之始祖神了。相似的是，在西方的神话传说中，前文提到的地母盖娅，在希腊各地也曾经是广受崇拜的高媒之神，如今著名的德尔斐神庙最初就是她的祭殿。盖娅之所以被西方认为是人类的始祖，也正是因为她掌握着生命的奥秘。所以在罗马她同样也被当作婚姻繁衍女神来崇拜。由此可见，古今中外，人类起源的神话故事，确实都有着大致相似的内容。

1974年，英、法、美等国人类学学者联合在非洲埃塞俄比亚的阿法地区考古，挖掘到一个相当完整的猿人化石，颈部以下几乎和现代人的构造完全相同，考古学家判断这类猿人已可直立行走，学者更根据其骨盆开口宽度推断为雌性，定名为阿法南猿（又称阿法猿人）。因学者在挖掘此化石时正在听当时英国乐队披头士的名曲 *Lucy In The Sky With Diamonds*，故将这一猿人化石取名"露西"（Lucy）。所以 2014 年法国导演吕克·贝松（Luc Besson）执导了一部科幻电影，故事内容讲述人类通过药物科技"进化"成超智人，电影的名称也正是取名《露西》（*Lucy*），以此致敬前贤。

阿法猿人"露西"生活在约 320 万年前的非洲大陆，此后经过了大约 100 万年的演进，即距今约 200 万年前，在东部非洲出现了第一种算作人类的灵长类动物，学界称之为"能人"。遗骨化石研究显示，这些能人的身高大约在 140 厘米，已经接近现代人了。而在中国大陆境内，最早的人类遗迹，有研究以为是 1985 年古人类学家在重庆巫山县发现的人类牙齿和下颌骨，大陆学者称其为"巫山人"。此后又经历了百万年的进化，地球上先后出现了早期智人、晚期智人和现代人。

10 万至 1 万年前，人类开始进入了考古学所称的旧石器时代晚期。人类的"新石器时代"则是从约 1 万年前开始的，此时人类的文明时期也正式开始了。

乙
文史典故

高禖与先妣

禹域先民心中的女娲，既然是创造人类、繁衍种族的女神，因此从上古时代起，女娲就被视作生育与婚姻的女神了。相传是秦相吕不韦所著的《吕氏春秋·仲春纪》中说："以太牢祀于高禖。"汉代高诱注曰："因祭其神于郊，谓之郊禖。'郊'音与'高'音相近，故或言高禖。"可备一说。此祭祀女神女娲的仪式，就是祭"高禖"了。而"禖"有媒神的意思，所以祭高禖除了祈求婚配，当然更是为了祈求种族绵延。

《诗经·大雅·生民》记载了周人的先妣姜嫄"克禋克祀，以弗无子"的传说。诗篇描述了姜嫄在祭祀典礼中如何求神赐子、如何足践神迹、如何感应而生子的神话故事。早在商、周以前，古人就会在郊野先筑一高坛，建起祭祀用的神庙，用太牢即猪牛羊三牲来祭献。每年夏历的仲春二月，大约在春分时节，就在神庙附近举行盛会，会合族群中的青年男女，让他们自由地寻欢作乐。用女娲补好的天空作帐子，以女娲填好的大地为床榻，"奔者不禁"，这真的叫天作之合了。至于那些没有子嗣的女性，如周代先妣姜嫄一样，也会在此时来到神庙所在，求高禖即求女娲神赐予子嗣。于是这位高媒掌管男女婚配的神明，又兼了送子娘娘的职责。及至周公制礼作乐，还特别设有"媒氏"一职，专门掌管民间男女夫妇之事。《周礼》所言"令男三十而娶，女二十而嫁。中春之月，令会男女。于是时也，奔者不禁"，记载的正是周代祭祀高媒的社会习俗。降至春秋时代，各国祭祀高媒的地方也各有不同，有的在山林，如宋国的桑林；有的在水泽之处，如楚国的云梦；燕国齐国也各自有自己专门祭祀高禖的地方（参《墨子·明鬼》篇）。

近代学者闻一多在其《高唐神女传说之分析》一文中就说："这些事实可以证明高禖这祀典，确乎是十足代表着那以生殖机能为宗教的原始社会时代的一种礼俗。"理解了女娲与高禖的意义，我们读中国古代第一部诗歌总集《诗经》，如其中《鄘风·桑中》《郑风·溱洧》等篇，自可了解这男女私会、相爱相奔的风俗含义。清代学者方玉润在《诗经原始》中便直言："桑中，刺淫也。"更早的《毛诗序》则说是"刺奔也"。这"淫"与"奔"，其实都是古代社会仲春日"奔者不禁"的社会习俗。正如《桑中》诗曰："云谁之思，美孟姜矣。期我乎桑中，要我乎上宫，送我乎淇之上矣。"将思念、相会之欲，表达得清楚明白。初民社会，男女相配与男女婚姻，本就是两回事，所以先民将这两者分别得很是清楚（参吕思勉《中国通史》上篇《中国文化史》的第一章《婚姻》）。

自商周至明清，历代皇家都保留有祭祀高禖的典礼。清代吴长元著《宸垣识略》中记载："明嘉靖中设高禖坛于（景山）永安门之北。高禖设于坛下，西向。后妃位七，于坛南数十丈外，北向。上行礼毕，分献，太常官具退，女官导皇后以下至高禖神位前跪。"清代也沿明制而不改。吴氏没有明确说明高禖到底是何方神祇，但是由此段文字，我们知道明清两代后妃，均参与祭祀高媒，所以这高媒神也定当与先妣或女神有关。

除了求子嗣，人间求雨，往往也祈祷于高禖先妣。如《吕氏春秋》和《淮南子》二书，均记载了商部族建国初期，天时大旱，连续数年五谷歉收，于是商汤亲自在桑林之中祈求降雨。我们知道，这桑林与楚国的云梦一样，都是当时两国帝王祭祀高禖之地。男女相配夫妻一室了，才能阴阳调和生生不息。在上古农业时代，人间相信神赐给人类婚姻，其意义一如润泽万物的雨水。由此我们也就知道了，古人求婚求子求雨，目的就是祈求天地人间阴阳协调。这也才正是自古以来，先民心中的天道人伦大义。

还有学者进一步指出：夏商周三代以来所祭祀的高禖，其实也均是其民族的先妣。如夏人的先妣是涂山氏，殷商的始祖是简狄，周的始祖是姜嫄。而这上古三代母系始祖的共同远祖女神，应该就是神话传说中的女娲。

现代考古学的发现与研究，也证实了先民祭祀女神、祭祀先妣仪式的存在。此即是属于新石器时代中晚期、距今约6000年的红山文化遗址。20世纪80年代初期，先是在辽宁省朝阳市喀左县兴隆庄乡章京营子村东山嘴屯，发掘出土了一座祭坛，它以大型方形祭坛为中心，北翼有两条南北走向的石墙基，南翼为长条形石堆，前端则为石圈形台址和圆形石砌基址。遗址内出土了小型孕妇塑像和大型人物坐像等。其中，小型孕妇像是一个泥塑烧成的偶像，应当就是当时人们对高禖对先妣的一种供奉和祭祀。

此后，又在相距此处几十千米的建平、凌源交界处的牛河梁，相继发现了一座女神庙、多处积石冢群，还有一座类似城堡的方形广场的石砌围墙遗址，发现了一个如真人一般大小的彩色女神头像，以及成批大小不等、年龄不同的女性的裸体泥塑残块及多种动物形状的玉、石雕刻。女神头像面部打磨得光滑，面红、唇朱，以淡青色玉片为睛。轮廓和谐优美，双目炯炯有神，既高贵，又有一股神秘气息。而祭祀女神的庙宇，则位于牛河梁主梁北山丘顶，坐北向南，地势很高。庙北18米处，有一座人工修筑的南北长 175 米、东西宽约 159 米的大平台，与庙相通。女神庙分主室和单室两大部分。主室在北，为半地穴式的土木结构建筑，室内墙壁有些部分还以朱白两种颜色绘有几何形壁画。庙内供奉着诸多女性泥塑人物造像，当都是当时供奉的神灵，且各塑像大小不同，应是供奉时主次有别。考古学家相信，其中大小接近真人的女神头像就是当时的主神之一。

综上所述可见，无论是东山嘴屯的祭坛遗迹，还是牛河梁的神庙遗址，出土材料都证明了早在 6000 年前，中华民族就已经有了祭祀女神、祭祀先妣的仪式，反映出远古社会曾经以女性为中心的生育崇拜这一历史文化特征。这无疑也为我们进一步理解女娲女神、高禖先妣的神话传说，提供了线索。

丙
四时人间

女娲与二十四节气

与女娲神话相关的节气，当然是春分。

"春雨惊春清谷天"，春分节气也就是我们在本书《导言》

部分讲到的，古代分、至、启、闭八节中春秋二分之中的春分。太阳在这一天运行到黄道0°，意味着此时太阳直射地球赤道，昼夜等长。汉代董仲舒在其《春秋繁露》一书中说："春分者，阴阳相半也，故昼夜均而寒暑平。"《月令七十二候集解》中也解释说："分者半也，此当九十日之半，故谓之半。"也就是说从立春至立夏，春分正当此三个月之中，将春季平分，故曰"春分"。

（一）春分会男女

前文已经讲到，上古先民春分日最重要习俗之一，就是祭祀女娲神，祭祀高禖。

祭祀女娲或者祭祀高禖，原始意义是为了调和男女大欲，繁衍子嗣。其取意正是春分这一天，天地阴阳交半，人间宜男女相配，所谓顺应天时。也就是《周礼·地官》中"媒氏"所职："掌万民之判（案：判即半，半合之意）""中春之月，令会男女。于是时也，奔者不禁"。男女相合，乃乾坤之大道，而人口繁衍，更是民生之大事，所以《诗经·召南·摽有梅》中说"求我庶士，迨其谓之"。此"谓"是"会"的假借，也就是"会男女"之意，所以《大戴礼记·夏小正》篇中也说二月"绥多女士"。又《礼记·月令》说："（仲春）是月也，玄鸟至。至之日，以大牢祠于高禖。天子亲往，后妃帅九嫔御。"《说文解字》引蔡邕集《明堂月令论》解释说:"玄鸟至之日,祠于高禖,以请子。"玄鸟就是燕子。传说商人的祖先简狄吞玄鸟卵而生商契,古人又观察到燕子春分飞来北方,秋分则飞去。因其知时候感阳而至,因此古人就在每年春分燕子飞来这一时节,祭祀女娲祭祀高禖。原始要终,是为了顺应天时进而生育求子。

女娲不仅创造了人类,还是她把人类分为男女两性,让人类自己男女交配,繁衍后代,"媒神"之称号,正是由此意而来。正如《诗经·溱洧》篇所描写的那样,春秋时代郑国青年男女春分日在溱水、洧水附近相邀约会。诗曰:"溱与洧,方涣涣兮。士与女,方秉蕑兮。女曰'观乎?'士曰'既且'。'且往观乎?洧之外,洵訏且乐。'维士与女,伊其相谑,赠之以芍药。"用现代的语言直译就是:溱水洧水,恰逢冰解,青年男女,满身薰香。女的说,去游乐吗?男的说,早就乐过了啊。女的说,再去耍耍吧,岸边地方宽广得很,乐趣多多。青年男女,如此这般调情嬉笑,彼此相约,赠以信物。宋代大儒朱熹说,这首诗是"淫奔者自叙之词",确实讲出了古代高禖祭典此一人间习俗的最大特色。

《诗经》中所描述的这种水边嬉春的习俗,后来又演变为春日赴水边并以香薰草药沐浴驱疫的习俗,如《论语》中所载:"暮春者,春服既成,冠者五六人,童子六七人,浴乎沂,风乎舞雩，咏而归。"记录的正是这一习俗场景与高媒遗意。降至后世，则又演变为夏历三月上巳日之修禊风俗。大家所熟知的晋代王羲之《兰亭集序》，其中所言"暮春之初，会于会稽山阴之兰亭，修禊事也"，说的正是彼时这一风俗。

（二）春分祭日

春分节气，不论帝王还是百姓，均将其视为与男女婚姻相关。春分日昼夜等长，阴阳相半，所以敬天授时的祖先们，就选择在这一天举行重大的祭日仪式。

《尚书·尧典》中说："寅宾出日，平秩东作。"清儒皮鹿门解释此段话，认为这就是古帝王春分迎日的记录。古籍记载，迎日之辞是这样说的："维某年月上日，明光于上下，勤施于四方，旁作穆穆，维予一人某，敬拜迎日东郊。"而春分祭日，则自古是人间帝王独享的祭典。清代潘荣陛在其《帝京岁时纪胜》中明言："春分祭日，秋分祭月，乃国之大典，士民不得擅祀。"春分日和秋分日分别祭祀日、月，都是因为"春分阳气方永，秋分阴气向长"，阴阳相半，循环往复，由此而可辨天道人伦。

至于古代帝王是如何祭日的，我们可以从屈原的《九歌·东君》一篇中，想象春秋战国时代楚国的巫师是如何代表人间帝王来祭祀的。

暾将出兮东方，照吾槛兮扶桑。抚余马兮安驱，夜皎皎兮既明。驾龙辀兮乘雷，载云旗兮委蛇。长太息兮将上，心低徊兮顾怀。羌声色兮娱人，观者憺兮忘归。緪瑟兮交鼓，箫钟兮瑶簴。鸣篪兮吹竽，思灵保兮贤姱。翾飞兮翠曾，展诗兮会舞。应律兮合节，灵之来兮蔽日。青云衣兮白霓裳，举长矢兮射天狼。操余弧兮反沦降，援北斗兮酌桂浆。撰余辔兮高驰翔，杳冥冥兮以东行。

屈原作为巫师，可能亲自参与了这次祭典，所以他才详细描绘了太阳初升，东君即太阳神君降临，神巫祭巫合唱合舞的各项环节。首四句是描写太阳始出，神巫自我描绘形貌。第五句到第十八句为一众陪祭的巫师迎神赞神。最后六句是描绘日神东君威武高大的形象。读者阅后，自然就可想象出祭祀仪式的庄严肃穆，并体会到祭祀歌舞的音节宏亮与舞蹈翩跹的场景。

到了明清两代，皇帝在春分之日祭日的场所称为"日坛"。因为太阳从东方升起，日坛都会相应建在都城之东郊。中国唯一保存下来的皇家祭日建筑，坐落在今天北京市朝阳区，又叫"朝日坛"。而秋分祭月的场所"月坛"，自然是建在都城的西郊，即今天北京的西城区。明清两代皇帝的祭日祭典仪式，现存的文献典章还可以描绘出其大概仿佛。2019 年 3 月 21 日的春分日，北京日坛公园就根据清乾隆年间的文献记载，大致再现了清代皇家祭日的仪式。

北京的日坛建于明嘉靖九年（1530 年），整个建筑为方形，朝日坛在整体建筑的南部，坐东朝西，祭祀的人要站在西方向东方行礼。坛为圆形，坛台 1 层，直径 33.3 米，周围砌有矮形围墙。东南北各有一座棂星门，西边有 3 座，是正门。墙内正中用白石砌成一座方台，叫"拜神坛"，高 1.89 米，周围 64 米。明朝建成时，坛面用红色琉璃砖砌成，以象征太阳。中国传统文化之美，从这种对天地自然的敬畏，对先祖先神的崇敬之中，都能切身感受。读者如果有机会去北京旅游，一定要去位处北京城东、西两处的日坛、月坛，以及象征天圆地方，位处北京城南、北两处的天坛、地坛参观一下，以体会古人对天人合一文化，对敬天礼人伦理的尊重。

中国的华人社会中，台湾民间没有帝王具有的祭日祭月的资格，却如实保留了对代表太阳的"太阳星君"之崇拜。现存彰化的元清观，就是专门祭祀"太阳星君"的庙宇。不过此太阳星君，已经是后来道教教义中演生的宗教人物，并非屈原《九歌》中描绘的太阳神"东君"或明清历代帝王祭祀的太阳本身了。今日台湾习俗的特别之处在于，明末清初以来，台湾百姓心中依然怀念大明朱家王朝，于是将民间信仰中的"太阳星君"视作了大明皇室的象征。

古都北京，曾经有一种糕点叫"太阳糕"，据说就是民间夏历二月初一日祭祀太阳星君，并借此怀念大明王室的祭品点心。1949 年后寓居台湾的清室遗族唐鲁孙先生，在其《唐鲁孙谈吃》一书中就专门有《太阳糕》一文，详细记载了老北京的这一习俗。时至今日，京城虽再无任何祭祀祭典，太阳糕点心更是只成追忆。倒是今日台湾民间，依然有"九猪十六羊"形状的糕饼，用来祭祀"太阳星君"。甚至有人说，今日台湾小吃中著名的"太阳饼"，就与祭日有关，是祭祀太阳星君这一习俗的痕迹。

由此看来，华人社会中的无论哪一个节日哪一个节气，均与食物有着不解之缘，一如古人祭祀，必定有酒。

天穿日

另外一个与女娲传说有关的节日，是天穿日。

中国华人族群中，客家人是重要的一支。至今客家人保留着一个传统节日——天穿日，传说就是为了纪念女娲补天。在台湾，每年夏历的正月二十日，都有祭祀活动在宜兰县壮围乡的补天宫举行。天穿日，顾名思义就是本篇所述女娲神话中，因共工、祝融二神战争之后天穿地裂，女娲心惜人类，独立补天的故事。从此人间为感念女娲补天，救助人类，特别在这一天祭祀和纪念女神。

相传在汉魏六朝时期，江东一带就有"俗称正月二十日为天穿日，以红缕系煎饼置屋上，曰补天穿"的习俗。此风俗传统延续至宋代，依然盛行，当时的诗人李觏还有一首《正月二十日俗号天穿日以煎饼置屋上谓之补天感而为诗》："娲皇没有几多年，夏伏冬愆任自然。只有人间闲妇女，一枚煎饼补天穿。"虽语带雅谑，描述的却是古代天穿日，妇女以煎饼贴在家中，以纪念女娲补天的神话遗意。

时至今日，客家族群依然特别重视此节日。2010 年 1 月 27 日，台湾甚至将每年夏历的正月二十日之天穿日，定为"客家日"。每逢"天穿日"，客家人便会放下工作，休息一天。客家俗语说此日"郎不许耕田，妹不许织布""做死唔够等天穿"，显示出人间敬爱天地、与时休息之意。以传统农业立身，节俭持家的客家人，天穿日前会保留一块农历过年时做的甜粄，煎过后待用，又或者把甜粄揉成小圆球状，油炸后称为"油堆子"或"油槌子"，插上针线，"天穿日"时用来祀拜女娲。二者均是取意煎炸过的甜粄黏稠糯软，犹如女娲补天时的五彩石子。

无论是太阳糕还是甜粄或是油堆子，两岸先民，早已将文化与传统融入日常生活，融入衣食住行，用心传承，世代相沿。

丁
"庙"不可言

河北涉县娲皇宫

中国境内，祭祀女娲女神的庙宇，以河北涉县的娲皇宫最为著名。

娲皇宫位于河北省邯郸市涉县城西北十多千米处的凤凰山上，传说女娲在此炼石补天。迄今河北当地民众，仍读"涉县"之"涉"为"蛇"音，体现出当地百姓对女娲人首蛇身神话传说的信仰。笔者曾向当地人询问，老者以为这"涉"字，或者就是"蛇"字的转写。考之古籍，古人此种对地名的特殊理解与读音，由来已久。如山东鄄城的鄄，杨伯峻在《春秋左传注》（见《庄公十四年》）中说："鄄音绢，至今鄄城县人仍读绢；又音真。"诚王国维所言，"存其音以示定其为某字之所由，并示古今语之相合云尔"。

涉县的娲皇宫，是现存中国境内最大、最早的奉祀上古天神女娲氏的古代建筑，相传此处古迹创建于汉文帝（前180—前157年在位）时，最初规模很小，仅有"神庙三楹"。又据《涉县志》记载，北齐（550—577）文宣帝高洋，以邺（今河北临漳县西南邺镇）为都城，以晋阳（今山西太原）为陪都。高洋自邺至晋阳，往来于此山下，"遂起离宫以备巡幸"。这位北齐的皇帝又"信释氏，喜刻经像"，所以在这里大规模地修建了宫殿庙宇，并在山麓开凿石室，内刻佛像，以后更将佛经"勒之岩壁"。到了明代，又陆续扩修了不少宫宇建筑，清代更是在此基础上大规模重修。故经历代迭次修建，娲皇宫遂成为今日占地 1.5 万多平方米的一组建筑群。

山上的主建筑娲皇宫，楼阁分为三层：一层名为"清虚阁"，二层名为"造化阁"，三层名为"补天阁"。通高 23 米有余，由九根铁索将楼体系在崖壁的八个"栓马鼻上"。因三阁楼紧依悬崖，楼上站满人后，楼身就会前倾，因而被人们誉为"活楼"或"吊庙"，结构独特，巧夺天工。山下则是朝元宫、停骖宫、广生宫和牌坊等其他建筑，相辅相成，高低有致。

山西运城市高禖庙

山西省运城市内有一座高禖庙。此庙位于运城市河津西南五千米处的连伯村，据说距今已经有 4000 多年的历史了。相传夏历三月十八是女娲诞辰，村人至今还有"高禖庙是古时青年男女相会的地方"之说法。这正与前文《周礼》所云"中春之日令会男女，奔者不禁"的上古遗风相符。

现在保留的庙宇建筑，相传是清代嘉庆年间（1796—1820）修建完成的。该庙布局精巧，分前、中、后三进院落，正殿有穿廊，屋顶由黄绿蓝三色琉璃筒瓦、板瓦及琉璃脊兽构成。正门上方书有"至哉坤元"四个大字，正切女娲高禖之意。廊前板栏上雕刻的莲花、虫鱼、鸟兽图案秀丽雅洁。大殿则造型严谨、色彩绚丽。殿内木雕暖阁，装饰富丽堂皇。正中供奉女娲，左为大禹，右为后稷。左三间配殿为天神殿，祭祀执掌日月星辰、风雨雷电之事的昊天大帝。该殿的神龛与背靠都是立体雕刻，花草虫鱼，活灵活现。另外献亭一侧有香亭，上筑八角龙头，挑起四角，下用四根粗柱支蹲在四个雕刻精美的石墩上，四面不着，用斗拱相衔而成，亭亭而立。

此庙最值得留意的，乃是壁画。现存 57 幅，画中人物 158 位，大都为民间艺人画于清末民初。西侧墙上画的是周代先妣姜嫄祭祀高禖之盛况，以及周人先祖后稷降生教民稼穑的神话传说。东侧墙上画的是大禹凿龙门，会诸侯于涂山，三过家门而不入的历史故事。此座庙宇的彩绘内容，沿袭传统庙宇文化的特色，以中国历史故事为主要内容，教化乡人。这正可与本书《导言》中所述台北保安宫壁画，作一对比参看。而两岸华人庙宇，文化精神之一脉相承，由斯得见。

台湾宜兰县壮围乡补天宫

今日台湾地区宜兰县壮围乡，有一座主祭女娲大神的庙宇，名补天宫。

据当地父老相传，清道光八年（1828年）五月，有村童在海边捡到一尊女神像，神像底部刻有"浙江女娲娘娘"六字。经过村民众议，便奉祀于今日壮围乡大福村14邻126号的附近草寮内。到了咸丰元年（1851年）五月，供奉女娲的庙宇也正式落成了，就把道光年间捡到的女娲神像，称为"大娘"。今日后殿镇殿的女娲主神是1990年4月台湾乡亲从福建带回的定制神像。当地的补天宫信众更认定，农历五月初九为女娲娘娘诞辰日，所以每年夏历五月初九这一天，补天宫还会举办女娲绕境活动，祈求人境平安。

在女娲神话中，有补天的壮举，先民以为，女娲犹如为人类撑起了一把保护伞，故民间就将女娲视为制伞业的行业神。及至今日，台湾的制伞业公会，依旧会在农历新年期间，到此举行仪式，祭祀他们心目中的这位行业神，表达对这位恩神的感念之情。

1987年，海峡两岸民间恢复了往来，时台湾补天宫的主事人等还曾经组团前往浙江探寻补天宫女娲娘娘的祖庙。唯抵达后才知浙江余杭娘娘山的祖庙在"文革"时期已经不幸被毁。

后又了解到，浙江女娲娘娘的祖庙乃是陕西华清池附近的娘娘山。虽然今日浙江与陕西两处祭祀女娲的古老庙宇建筑已皆不可见，但台湾补天宫的存在，使得两岸传统文化相承之渊源仍得以寻见。

伏羲

·

阴阳交合　人道始定

神话传说

继盘古开天辟地、女娲造人补天之后，中国神话传说中的另外一个大神出现了，他就是伏羲。有关伏羲的故事，比起盘古、女娲都丰富了许多。而在伏羲之前，女娲已经创造了人类，于是伏羲便被民间形容成了天上与人间共同的神。

民间传说，伏羲是天上雷神的后代。他出生的地方是一个叫"华胥氏之国"的地方。《列子》一书，学者多以为是汉代伪作（参张心澂《伪书通考》），但其内容却多少反映出了当时人的思想观念与历史观，有参考价值。此书描述，伏羲出生的这个国度，是在中国西北几千里远的地方，有一片极乐的国土，叫"华胥氏之国"。那个国家之远，不管你是想走路去也好，想乘车去也罢，还是想乘船去，都是去不了的。总之，只能是心向往之罢了。那个地方没有领袖，人民也没有任何欲望或嗜好，一切听其自然。所以每个人的寿命都很长，生活得美满快乐。他们能够走进水里而不怕被水淹，走进火里不怕被火烧，在天空中也能如履平地。云雾阻碍不了他们的视线，雷电也扰乱不了他们的听力。他们心中更没有美恶的障见。"华胥氏之国"实在是介乎神与人之间的一个美好国度。在这片乐土上，有个没有名字但被称为"华胥氏"的少女，有一天她到国境之东一个风景优美的大沼泽游玩，这个大沼泽叫"雷泽"。她看到一个巨人的足迹，很好奇，踩了上去。这一踩踩出了事情，回到家不久华胥氏少女就感觉身体发生了奇异变化：她怀孕了。她生下的儿子，就是伏羲。

上古的先民，习惯上将自己的英雄祖先塑造成非一般父母可以生养的，所以这些英雄往往是获得了某种超自然的力量感应才出生的，也就因此而与众不同。"雷泽"中出现的巨人足印是谁的呢？传说和古籍中都没有明确记载。但是掌管此雷泽的主神，《山海经·海内东经》中却有明言：雷泽中有雷神，"龙身而人头，鼓其腹（则雷）"。此后的《史记·五帝本纪》及《淮南子·坠形篇》均引用了《山海经》中此文，由此我们知道，至少到了汉代，人们已经相信伏羲乃是"龙身而人首"或"人面蛇身"的雷神之后了。

我们看甲骨文中的"申"（ᘒ）字，其形就是闪电时天空云层中出现的曲折电光。而"神"字则是在"申"字旁加"示"以明其义。东汉许慎的《说文解字》解释"示"字："天垂象见吉凶，所以示人也。从二（上）从三。垂日月星也。观乎天文，以察事变。示神事也。"可见"示"字本身就含有了天文历象、人神关系等意义。对"神"字的解释则是："天神，引出万物者也。从示从申。"所以自然现象雷、电在上古之人心目中，早已充满了神秘力量，受人敬畏。传说中伏羲仰观天文，俯察地理，以雷神之子的身份出现在人间，当是上古先民朴素自然思想的反映，绝非妄谈。

人首龙身的伏羲既是天神之子，所以他还要同时管理人间。《吕氏春秋·孟春纪》中言："孟春之月，其帝太皞。"高诱注曰："太皞，伏羲氏。以木德王天下之号。死，祀于东方，为木德之帝。"约4世纪成书的《拾遗记》，便直接将伏羲称作人间"春皇"，即书中所言"春皇者，庖牺之别号。所都之国，有华胥之洲"。《拾遗记》的著者王嘉，是魏晋年间的一名方士，他对于古史的叙述，很多是正史所不载的奇谈。我们虽不能将此书内容视作正统史料，但是其所保留的神话传说，却依然有着不可忽视的文学资料与社会风俗价值。如《拾遗记》中说伏羲："以木德称王，故曰春皇。其明睿照于八区，是谓太昊。昊者，明也。位居东方，以含养蠢化。"明显是受汉代五行家之言的影响。《尚书·洪范》中，就已经讨论过五行以东方属木，所以太皞伏羲被民间当作东方上帝，也确有其历史传承与自然道理。

伏羲太昊氏作为传说中的春皇，负责管理人间的东方与春天，他手下还有一个辅佐的神，叫句（句读曰勾）芒。传说句芒是西方的上帝少昊金天氏的儿子（少昊的故事可参本书《颛顼篇》)。《山海经·海外东经》中形容句芒手里拿着圆规，鸟的身子，人的脸，且脸是方敦敦的，身上穿一件白色衣衫，驾驭了两条龙，辅佐太皞伏羲氏管理春天。人们叫他"句芒"，意思是说春天树木生长，是弯弯曲曲，角角杈杈的，也就是《礼记·月令》中所说的"木初生之时，勾屈而有芒角，故云句芒"，所以"句芒"两个字的字形本身也就具有春天和生命的象征意义了。

在全球各地的原始民族中，春之神基本都是他们最崇拜敬爱的神。因为一切自然的生物，到了春天都呈现生气，尤其是上古民族以农业为生，是依赖春季播种耕耘而取得食物得以存活的，所以对于春和春神，就尤其崇拜而特别加以祭祀。

伏羲作为天神，还要管理人间，我们不禁好奇他来往天地间的方法。传说，在当时有一棵通天的大树，叫建木，它就是伏羲在天上人间之间通行的阶梯。《山海经·海内经》中是这样记载的：在西南的都广之野（大概就在今天四川成都的双流附近）有处人间乐土，在这里不管是夏天还是冬天都能播种，百谷自然生长，生长出的米、黍、豆、麦都又白又滑，凝如膏脂。鸾鸟在这里啼叫，凤凰在这里舞蹈，各种各样的飞禽走兽都聚集在这里，草木冬夏常青。建木就生长在这座人间乐园的中央。因为建木太高太大了，所以太阳照在它的顶上，连一点影子都看不到。站在这里大叫一声，声音会马上消失在虚空之中，四面八方没有一丝回响。建木的形状也非常奇怪：树根盘曲交错生在地下，细长的树干笔直钻入云端，两旁不生枝条，只有树的顶端才生了好多弯弯曲曲的树枝，盘绕起来像一把硕大无比的伞盖。天神伏羲，就是利用这棵建木来往于天上人间。

近年四川广汉三星堆遗址，出土了一件商周时期的青铜神树。我们左图右史，不难想到这件造型奇特的青铜神树，会不会就是神话传说中建木的样子呢？历史上确实有利用高大树木以求通天、与神沟通的习俗。例如清代满族人的祭天祭神仪式中，就设有神杆之制，即在祭祀时立一根长2丈径5寸以上的高大松树干，恐正是建木之遗意（满族设杆祭天之礼，参昭梿《啸亭杂录》卷八"堂子"条及徐珂《清稗类钞》第一册"时令类祭堂子条"）。

大神伏羲来往天上人间，其惠及人间的大德行，传说就是将天上的火种带到了人间，让凡间的人民可以在寒冷的季节取暖，能吃到烧熟的动物，能从黑暗中看到光明。有了火种，才象征着人类步入了光明与文明的阶段。人首龙身的伏羲，既然是雷神的儿子，又是东方的上帝与春皇掌管这树木万物的生长，我们也就可以想象出，当天上的雷电击打到树木而使得树木燃烧，发生炎炎的天火，这伟大的功德自然是雷神与其后代的杰作了。所以先民把火的发明，归功于伏羲，在情理之中。古籍文献中又把"伏羲"称为"庖牺"或"炮牺",因为伏羲"取牺牲以充庖厨",教晓人间用火煮食,人类从此不再茹腥食,才脱离了茹毛饮血的原始生活时代。《拾遗记》卷五还记载了汉孝惠帝(前194—前188)时的一段掌故:有泥离之国来朝,其国人长寿,知上古女娲伏羲之故实,言"自钻火变腥以来,父老而慈,子寿而孝"。这正是借海外异人之口,道出了火对人间、对人类的重要意义。

除了火种外,传说伏羲还发明了八卦,以教会人类结绳记事。八卦的形状很像一条条有结的绳子和无结的绳子交错排列,而八卦所代表的意涵又可以代表人间万事万物,非常实用。如符号乾(☰)代表了天,坤(☷)代表了地,坎(☵)代表了水,离(☲)代表了火,艮(☶)代表了山,震(☳)代表了雷,巽(☴)代表了风,兑(☱)代表了泽(指水聚集的地方,即江、湖)。这八种符号,实简而全地代表了天地万物的种种特色,上古人民以它们来记载生活中发生的日常事情,入情入理。

八卦之图形,不仅与上古先民生活记事有关,它甚至还是古人计数的起源。唐代颜师古注《汉书·律历志》中"自伏羲画八卦,由数起"一条,曰:"万物之数,因八卦而起也。"由阴阳二数,进而有八卦,再推演而成六十四卦,这之间的排列组合,确实包含了数学原理。而且,这种数学上的二进制算法,启发了今天计算机的发明。这也正如本书后文将要讲到的黄帝与颛顼发明历法一样，在远古时期的先民眼中，此类神奇的创造发明，自然不是普通人可以做到的。甚至有学者以为，八卦之结绳记事，进而再图画象形会意，已经颇具文字起源的特色了。孔安国传《尚书》虽是伪古文，然其《序》中说伏羲乃是中国文字的发明者，确是有见。

无论是伏羲造字，还是仓颉造字（参本书《黄帝篇》），都说明了图画、文字对文化与文明发展的重要。所以古人才说伏羲"变混沌之质，文宓其教"。人间的百姓，确实因为得到了火种，有了文字，才因此开启了文明时代。

乙
文史典故

蛇身人首

检索史料我们发现，在秦汉以前，历史传说中的伏羲大神和我们上一篇讲的女娲之间，似乎还没有什么关系。但是从汉代开始，人们逐渐将伏羲与女娲，合在一起讲述了：伏羲与女娲，是兄妹也是夫妻关系。及至今日，中国西南地区苗族、瑶族、侗族、彝族等民族的民间神话故事中，依然相信伏羲与女娲的关系就是如此。

今日出土的众多汉代石刻画像与砖画中，有不少图案常见有"人首蛇身"的伏羲女娲交尾之图像。这些画像里面的伏羲与女娲，腰身以上通作人形，穿袍子，戴冠，腰身以下则是蛇（或龙）躯，两条蛇尾紧紧缠绕着，两人的脸或正向或背向。伏羲手中拿了曲尺（矩），而女娲手里拿了圆规（规）。由此可见，除了女娲造人的神话，汉代的百姓已经相信，人类是由这一对半人半兽的天神繁衍而来的。20世纪初在新疆吐鲁番出土的唐代墓葬中，也发现了大量的伏羲女娲图。这些图多数被发现在夫妻合葬的墓穴中，一般用木钉钉在墓顶上，画面朝下，少数画则折叠包好放在死者身旁。伏羲女娲下半身的蛇体，也是相互交缠，沿袭了汉代画像砖的意义。其所象征，也正是阴阳相配，周而复始的人类生命繁衍。

先民为何用蛇来象征男女生育呢？因为在自然界的各种生物中，蛇似乎是最特别的一种生物，充满了神奇的生育特征。我们的先民，很早就观察到了蛇的这类特殊繁殖能力，所以就多用蛇来代表生育繁衍之象。现代科学研究告诉我们，蛇类为雌雄异体的变温动物，体内受精，繁殖后代。尤为奇妙的是，雌雄蛇一经交配后，雌蛇便不再与其他雄蛇交配了，而且雌蛇更具有贮存雄蛇精子的能力，精子可在其输卵管内存活 4—5 年，雌蛇会连续 3—4 年产出受精卵。据说更有一种黄斑蛇，一次受精，即可连生 16 年，每年孕生一次，每次能产一百多枚蛋。而蛇类中的多产母亲当属蟒蛇，一次可产卵几十枚至百多枚。毒蛇中则以蝰蛇产卵为多，最多的可孵化小蛇六十多条。繁殖量最少的蛇当属盲蛇，每次仅产两枚卵。卵生蛇类所产的卵，多呈椭圆形，色呈白色或白褐色，卵壳柔韧，常彼此粘连成块，又称"卵块"。知此，我们就可解读新疆唐墓出土的伏羲女娲图中，女娲身边所绘白色圆形块状物体，应当就是蛇之卵块了，人类以此来象征新生命的孕育。

现代蛇主要分类的出现，大约始于 6500 万年前的古新世时代。亦即在恐龙灭绝及哺乳类动物面临辐射适应阶段时所发生。当时在北至斯堪的纳维亚的北极圈，南至澳洲大陆及塔斯曼尼亚的所有地域里，共出现了超过 2900 个蛇种。目前有记录的最巨型的蛇类是活于古新世的泰坦巨蟒，长度达 13 米，其化石被发现的年份是 2009 年；体型最细小的蛇类是卡拉细盲蛇，长度约只有 10 厘米。

蛇类另一种神奇的特征在于，虽然种类繁多，但它们都能较原始地保持种类的完全独立性，即生殖隔离。也就是说，不同种类的蛇一般不进行交配，因此根本不存在杂交型的混种蛇类。这也就是为何今日世界有杂种猫有杂种狗，而少见杂种蛇的原因了。蛇类具有的这些特殊习性以及奇妙的生殖繁衍能力，在原始人类眼中，都是比人类更具有造物主的神奇力量，所以蛇才被神化的吧。

中国文字更是象形会意之神奇符号，所以除了地下出土的图像，文字的演变也透露出"蛇"字所代表的生育意义。许慎在《说文解字》中解释"也"字"象蛇虫之形"。他进而据小篆，将"也"字释为"女阴"。清儒段玉裁在《说文解字注》说："此篆女阴是本义，假借为语词。许（慎）在当时，必有所受之。"可见蛇虫之形，尤其是蛇之交尾形状，自古就是寓意交配与繁衍后代。汉代画像、唐代壁画，伏羲、女娲均人首蛇身或者人首龙身，下肢紧密相缠的交尾动作，不仅象征了蛇虫类独有的生殖习性，更代表了古人对人伦夫妻之道、生育之德的种种崇拜。汉代许慎之解字，非无稽之谈；清儒段玉裁之说文，也确是有见。

自汉至唐，伏羲女娲的蛇身交尾形象，与蛇有关之文字形象，表达的均是先民心中乾坤交泰、阴阳相合的朴素思想。

龙之传人

在中国传统的干支纪年习俗中，有巳蛇年，民间又称其为小龙年或闰龙年，"小龙""闰龙"就是蛇的别称了，由此可见，蛇与龙的关系，也是密不可分的。在先民的神话传说与历史故事中，龙是一种很重要的图腾，往往还是一个部族甚至一个民族的象征。三代之中的夏部族，据学者考证，就是与龙或龙图腾有关。或者说这个部族就是一个奉龙为神图腾的氏族（见闻一多《伏羲考》一文）。前引志怪小说《拾遗记》中，还记载了大禹治水至龙门，于山洞中遇伏羲，伏羲乃传授大禹治水方略，大禹才得以平定九州水土的传说故事，似乎又为我们暗示了人首龙身的伏羲与大禹之间的特殊关系。

据古籍记载，伏羲与大禹之间，似乎有着氏族渊源。《左传》僖公二十一年（前639年）中记载："任、宿、须句、颛臾，风姓也。实司大皞与有济之祀，以服事诸夏。"这里的任、宿、须句、颛臾是当时的四个风姓小国，在鲁之附近。大皞即太昊，即是伏羲。"实司大皞之祀"也就是说这四个风姓的小国，因为是伏羲的后裔，所以负责世代祭祀伏羲。鲁僖公的生母成风，出自须句，正是伏羲之后，所以鲁僖公也算是伏羲风姓的后人呢。至于夏禹，其后裔为姒姓。学者研究指出：古"姒""巳"同文，姒姓即巳姓。而"巳"与"蛇"又古为同一字。金文的"龙"字便多从"巳"形。尤其值得留意的是，"风"字（案：繁体作"風"）从"虫"，而"虫"与"巳"在卜辞中又都是同一个字。

伏羲后裔中，除了风姓、姒姓、巳姓外，还有伏姓。汉初口授《尚书》的济南伏生，相传就是伏羲之后。孔子弟子中有宓子贱，乃伏生先祖，而"宓"也即是"伏"。可见，先民的神话传说确是信而有征的。

伏羲的后人与夏禹的后人，既然都是与蛇、龙的图腾有关之同姓氏族，相信中华民族自称"龙的传人"或"华夏民族"，也正是肇源于这种氏族传说和图腾崇拜。傅斯年先生在其《夷夏东西说》一文云："伏羲太昊一族，当时所居之地，西至陈东括鲁，北临济水，大致当今河南东隅，山东西南部之平原，无论在礼乐系统还是生活状态上，均已是一较高文化之民族。"洵确论也。

氏族部落具有较高之文化，祭祀正是其特征之一。20世纪五六十年代，在黄河流域的甘肃到河南地区，出土了大量距今5000—6000年前的新石器时代遗址器物，现总称为仰韶文化。出土的器物中，有带玫瑰花卉图案的彩陶盆，有小口尖底陶瓶（又称酉瓶）。20世纪80年代，又在燕山南北掘出了红山文化，距今也在6000年左右，出土的器物中则以玉雕龙最为著名。先说小口尖底酉瓶。据学者考证，甲骨文中有两个表示容器形象的字，一个是"酉"字，一个是"丙"字。尖底小口酉瓶，以器具的精巧与质量来看，它所代表的当是一种祭祀仪式工具，而非一般的生活用具。转而言之，它是一种祭祀祈福的礼器。而"酉"字，则是像三个尖底瓶结合在一起，出土器物形象，就是带足器以及后来的三足鼎。"酉"与"丙"，以及前文我们讲到的巳姓的"巳"字，似乎在出现之始就不是一般用字，它们还是中国古代历法中"天干地支"的重要组成部分，其中"巳"更是用来与蛇相配对，可谓形神具备。

至于有玫瑰花卉图案的彩陶盆，学者以为，它也不再是普通意义上的日用器皿。中原地区仰韶文化中彩陶盆上面的图案，学术上称作覆瓦状花冠，属蔷薇科的玫瑰花，此花原产地就是中国，特别被当时部族赋予了特殊社会概念，"花"即"华"，乃是一种尊称。而选择玫瑰花作象征，就是要以区别其他族群，且示高人一等。正如苏秉琦先生在其《中国文明起源新探》一书中所说的那样："以玫瑰花图案彩陶为主要特征因素的仰韶文化庙底沟类型与以龙鳞纹图案彩陶为主要特征因素的红山文化，这两个不同文化传统的共同体的南北结合是花（华）与龙的结合，从中原区系的酉瓶和河曲地区的三足罂的又一次南北不同文化传统共同体的结合，所留下的中国文化初创时期的物证，到陶寺遗址所具有的从燕山北侧到长江以南广大地域的综合体性质，表现出晋南是'帝王所都曰中，故曰中国'的地位，使我们联想到今天自称华人、龙的传人和中国人。"

综上所述，今日耳熟能详之"华夏""龙的传人"等概念，溯本求源，原来都与上古的神话传说有关，与所属部族之祭祖有关。再辅以学者的考证以及地下出土的器物遗存，诸多前贤的研究成果为我们揭示出神话故事已经不仅仅是传说，它们更暗示了中华文化与文明的起源。

规矩与权衡

前文已述，自汉至唐的伏羲女娲像，除了是以蛇之交尾象征生育繁衍的意义之外，画像中的伏羲女娲，多是上半身面面相向，伏羲手中持有一物——矩；而女娲手中持有另一物——规。可见规与矩，在古人心目中地位也是非常重要。

规与矩到底是什么？本书的《导言》提到过，甲骨文中的"巫"字即规与矩之象形。这规矩方圆，似乎自古就带有神秘色彩。《国语·周语》中记载了这样一段有趣的传说：晋文公之子晋成公出生的时候，他的母亲梦到有神"规其臀以墨"，就是说梦到神在晋成公的屁股上画了一个黑色的圆圈。所以晋成公一出生，名字就叫"黑臀"。

在《吕氏春秋·序意》篇中还记载了黄帝教诲颛顼的一句话："爰有大圜在上，大矩在下，汝能法之，为民父母。"这是将规矩与天地人联系了起来，这当是古人对伏羲女娲手中规矩的最早解释。《说文解字》中说："规，有法度也。从夫从见。"许慎没有详细解释规与矩二字的具体本义。然而与许慎同时代的班固，却在其《汉书·律历志》中清楚明白地解释了规与矩。班固说："衡权者，衡，平也，权，重也，衡所以任权而均物，平轻重也。左旋见规，右折见矩。"也就是说，笔直的一条绳，向左旋转就可成为规，画出圆形。向右对折，则成了矩，画出方形。今日俗语"没有规矩，不成方圆"，正是由此意而来。

班固又进一步解释了规与矩、权与衡之间的关系。班固说："权与物钧而生衡，衡运生规，规圜生矩。……规者，所以规圜器械，令得其类也。矩者，矩方器械，令不失其形也。"权是古人的重量单位，由权而有衡；由衡而生规，由规而生矩。规可画出圆，矩可量出方，规与矩，圆与方，正是由此而来。我们现在将画圆的器具称为"规"，即常说的二脚"圆规"，其原始本意，就是出自班固的这一段话。至于许慎所谓"规，有法度"，清儒段玉裁在《说文解字注》里的解释是："各本无规矩二字。今补于此。古规矩二字不分用。犹威仪二字不分用也。"是即今日以"规矩"连用，以表示有法度之意，守规矩之意，也由此而来。而这"衡"，其实就是我们华人一直使用的"秤"，权，则是所用的"砣"了。出土的唐代画像也清楚显示，伏羲手中所持的矩，上面还加了重物，这分明就是"衡"即秤了。"衡，平也；权，重也。"衡与权，也就是古人日常生活中常见的秤与砣了。民谚有云"公不离婆，秤不离砣"，我们不禁恍然，原来这句民谚背后，还隐含了如此规矩方圆，阴阳调和的大道理。

古代民间的日常计量单位，以16两为1斤，故俗语"半斤八两"，意即实力相当之意了。迄今，中国港台的传统华人商家，尤其是中药海产店等，多有保留以16两为1斤的传统。古1斤为何是16两呢？因为传说人间所用权衡秤砣也一样上应天文。班固《律历志》中说："（权衡）其在天也，佐助旋机，斟酌建指，以齐七政，故曰玉衡。"而所谓"璇玑""玉衡"，其实就是指代北斗七星。古人发明古秤，16两以16颗星为刻度，前六颗代表南斗六星，再往后数七颗则代表北斗七星。秤杆的尾端则是福、禄、寿三星。南斗六星，北斗七星，福禄寿三星，加起来刚好16，代表16两。这是用来告诫生意人要诚实守信，若有欺诈，缺斤少两之行为，尾端少一两则无福，短二两则少禄，缺三两则折寿。正所谓心有所欺，受之在身，人在做，天在看也。

《拾遗记》卷一《春皇庖牺》条中说伏羲"规天为图，矩地取法"，可见古人无论是"规矩"连用，还是"规""矩"分指，都相信"规矩"是天上神明所用的工具。伏羲与女娲两位大神，一阴一阳，持规持矩，方圆权衡，使得四时五行，顺序不悖。规矩权衡之重要意义，不言而喻。

八卦与《周易》

古人相信，上古的大神伏羲发明了八卦。

八卦传至周文王，周文王推演而衍生出六十四卦。司马迁在《史记·周本纪》中说"文王囚羑里，盖益易之八卦为六十四卦"；班固《汉书·艺文志》也说"（文王）重易六爻作上下篇"。可见至少在两汉时期，古人已经相信伏羲与周文王、八卦与六十四卦、八卦与《周易》，其中定有渊源与关联。按照历史发展线索来看，八卦产生最早而六十四卦产生较晚，但至少在殷商时期也就有了。到了春秋战国时代，又有了解说卦爻之辞。经、传相合，即我们今日熟悉的《周易》了。到了汉代，《周易》中的经与传应该都相继完成完善了。

前文已经讲到，伏羲的母亲踩到雷神的脚印怀孕，从而生下了伏羲。此后的中国历史传说中，类似"履迹而生"的神话，也有不少。其中最著名的就是周人的先妣姜嫄履神迹而生后稷的传说了。《诗经·大雅·生民》这样描述周人先祖感生的故事："厥初生民，时维姜嫄。生民如何？克禋克祀，以弗无子。

履帝武敏歆，攸介攸止，载震载夙。载生载育，时维后稷。"是说周人的先祖先妣姜嫄，在外游玩的时候踩到了一个大神的足迹，就如同华胥氏生伏羲一样，感而有孕，生下了后稷。古人"因生以赐姓"，故周人为姬姓。这"姬"字，有学者考证亦可写作"女止"或"娡"，而"止"为足趾之"趾"的本字，故古汉语中称足迹为"止"。也就是说姬姓乃是形容其感足迹而生（参闻一多《姜嫄履大人迹考》文），可见周人先祖之诞生，与伏羲大神的出生确有些相似。而且《山海经·海内经》中还描述说：西南黑水广度（盖约今日成都双流附近）有伏羲上下于天的天梯建木，周人的始祖后稷死后恰恰就葬在附近。周人祖先的生与死，似乎都与伏羲神话内容有些关联呢。所以古人相信周文王衍八卦，似乎也合情合理。

从史学角度来看，《周易》古经具有较高的学术价值。它记载的社会风貌相当广泛，举凡农业、畜牧、渔猎、封侯建国、婚姻家族、饮食居室，特别是祭祀征伐等，都是殷周之际不可多得的历史资料。至于成书稍晚的《易传》，则是对《周易》古经最古老和有系统的解释，更包含了古人朴素的哲学思想。

《周易大传》中所说"古者包牺氏之王天下也，仰则观象于天，俯则观法于地。观鸟兽之文与地之宜，近取诸身远取诸物，于是始作八卦，以通神明之德，以类万物之情"，描述的正是八卦与人间的关系。学者以为，伏羲发明的八卦，就是象征了中国远古万物的本原，因为八卦所代表的天、地、风、雷、水、火、山、泽，就是宇宙世界的气、水、火、土四种基本元素。古希腊、古印度的哲学里，一样也是将水、火、土、气视作构成世界的四种基本元素。

宋代大儒朱熹所著《周易本义》所说"神明之德如健顺动止之性，万物之情如雷风山泽之象"，是将八卦上体天地阴阳、下通自然景物的特性，解释得明白准确。天地间数分奇偶两种，卜必三次，故有八种可能。所以古人卜筮，又将八卦重衍而成六十四卦，用来决疑。《周礼·春官》中"大卜""卜师""占人""筮人"等条，就详细记载了古人如何向神明祈求帮助，决疑断难。卜就是将所卜之事先告于龟，称"命龟"，我们今天看到的出土之甲骨文内容就是命龟之辞了。筮则是将所筮之事告于蓍，称为"命蓍"。筮人将命蓍之内容，依照其卦爻，选择其中显示神迹之处，分别写在六十四卦之下，以为记录或将来之借鉴。长年累月逐渐累积，就成了现在《周易》卦爻辞的一部分了。

还有学者认为，当大神颛顼绝地天通之后，人与神便不能再直接面对面沟通，下界的人民想要向天神祈福，决疑定虑，就需要借助特殊群体，且必须参照历法来祭祀祈福。能够主持祭祀或与天神沟通的，便是人间帝王或者巫这一群体了。而筮辞的产生，大概就是巫的历代集体创作。《周易》古经，也就是长久以来群巫卜筮的记录总集了。

就如我们将在本书《颛顼篇》中要讲的：颛顼及其后人，如重黎、羲和等，均世世代代掌管天文历法之学，司马谈、司马迁父子也是世代有此渊源。八卦的传说也当一如天文历法的传授一样，虽然无法确实以文献证信，但无疑有其一定的道理和见地，今人不能贸然去全盘否定。况且，这些神话故事与历史传说，都在在显示出中国文化与文明的起源及其发展轨迹，流传至今，恰畀后人可寻本而自明。

丙

四时人间

伏羲与二十四节气

与伏羲神话相关的节气，有立春、雨水和惊蛰。

（一）立春

在中国的神话故事和文献记载中，伏羲作为人间帝王，被形容为"春之神"。据《尚书·洪范》与《汉书·五行志》之说，东方属木，其帝王为太皞。昊，就是明亮的意思，太昊即太皞，伏羲就是神话传说中的春皇。《拾遗记》中说："春皇者，庖牺之别号。以木德称王，故曰春皇。其明睿照于八区，是谓太昊。昊者明也。位居东方，以含养蠢化。"这清楚解释了伏羲与春天、东方、生物之间的关系。

"春雨惊春清谷天"，立春，是传统二十四节气中春季的第一个节气，表示春天正式到来。立春这一天，太阳运转在黄道315°，公历多落在2月3日或4日。《礼记·月令》中说这个时节，"东风解冻，蛰虫始振，鱼上冰，獭祭鱼，鸿雁来"。意思是说东风送暖，大地解冻。经历一季冬眠的虫类亦慢慢苏醒，鱼儿亦在暖溶的碎冰下浮游。也有说法是立春日也意味人间属相（生肖）交替，举例来说，立春日之后，按照天干地支排序，辰龙之年结束，而巳蛇之年开始。

一年之计在于春，二十四节气对以农立国的中华大地尤其重要。"立春天气晴，百物好收成"，意思是指如果立春那天是晴天，这一年五谷就会丰收。民间习俗，各地会由官方放置用泥土塑成或用纸做的耕人与耕牛像，告示春天的到来，提醒农民准备春耕了。伏羲作为春皇，手下还有一个助手叫句芒，即芒神。在民间历书"通胜"中，句芒神近乎童子形象，手持柳鞭，身着红衣，腰扎黑布，头戴草帽，脚穿草鞋，精神威武。

民间历书中所画句芒神站的位置也甚有讲究，如果此年立春日在农历元日前，芒神便站在牛角前；如果立春日在农历元日后，则芒神便站在牛尾后。

祭祀春牛和芒神的草像，都有固定尺寸。如芒神身高 3 尺 6 寸 5 分，象征一年 365 天，五谷丰登。句芒手中的鞭子梢，是用柳条制作，鞭长 2 尺 4 寸，代表一年 24 个节气。用麻线纺就的鞭绳，染成 5 种颜色，分 24 个阶段，也是预示一年 24 个节气，节节丰收。后来，这习俗更演变成"鞭打春牛"的活动，由活人扮演句芒神代替泥塑的耕人。身穿绿色衣服的句芒神，手执杨柳鞭打土牛，表示要唤醒春牛准备耕作了，故称作"鞭春"。农人鞭打时，口中还要念念有词，祈求来年风调雨顺。鞭春后，百姓会将春牛身上的土片，带回自家，撒向农田，以求新一年农作物顺利丰收。

在民间，立春日还有"咬春"的习俗。据唐代《四时宝镜》一书记载："立春，食芦、生菜、春饼，即菜盘。"也就是说唐代之人已经在立春日当天，开始吃今日春饼之类的食物了。流传至今，春饼依然以萝卜、豆芽等蔬菜作基本食料。至于今日饮食中常见的春卷，也就是由立春之日食用春盘的习俗演变而成。虽然现时吃春饼、春卷已经可以不分季节，然今日吾民，餐前饭后，常思农人之艰辛外，更可借此回味食物背后的文化意涵。

（二）雨水逢元宵

雨水是春季中的第二个节气。此时太阳运行到黄经 330°，公历多落在 2 月 18 或 19 日这一天。《月令·七十二候集解》中说："正月中，天一生水。春始属木，然生木者必水也，故立春后，继之雨水。且东风既解冻，则散而为雨矣。"意思是说，夏历正月中旬开始会降下雨水，又因为春在五行中属木，而木的生长需要水，所以在立春节气之后就是雨水这一节气了。民间更相信，是龙王掌管降雨。而与龙有关的传说，自然就是本篇所讲的伏羲神话了。

立春之后，天气逐渐回暖，正是农夫开始耕种施肥的时期，适当来雨，是农民最盼望的。民谚所谓"立春天渐暖，雨水送肥忙"表达的正是这层关系。绵绵雨水会让农作物丰收，故唐朝诗人杜甫的《春夜喜雨》云："好雨知时节，当春乃发生。随风潜入夜，润物细无声。"一场春雨，润泽苍生。雨水时节也正是农人播种的好时日，俗言"春雨贵如油""七九八九雨水节，种田老汉不能歇"，全是在说明春天的雨水对于农人和农业的重要性。雨水这一节气，多数还会和夏历正月十五民间元宵佳节相隔不久。正是"人约黄昏后""润物细无声"的佳时良景。俗语说"雨打元宵灯，日晒清明前"，元宵当日如果下雨，则清明前多数会晴朗。

"元"指十五日月亮正圆，"宵"即夜之意。中国传统历法节气之中有"三元"：正月十五为"上元"，七月十五"中元"，十月十五"下元"，故元宵节亦称为"上元节"。元宵节的最大特点就"闹"，"闹"指"热热闹闹"，过得尽兴。因为元宵在春天，万物复苏，此后忙碌的春耕即将开始，必须辛勤工作迎接新一年了。旧时传统妇女三步不出闺门，但在元宵节却可获得暂时解禁。仕女都可借观灯，尽兴玩乐一番。宋欧阳修曾写过："去年元夜时，花市灯如昼。月上柳梢头，人约黄昏后。"宋代词人辛弃疾有《青玉案·元夕》："东风夜放花千树。更吹落、星如雨。宝马雕车香满路。凤箫声动，玉壶光转，一夜鱼龙舞。蛾儿雪柳黄金缕。笑语盈盈暗香去。众里寻他千百度。蓦然回首，那人却在，灯火阑珊处。"这些都是描写元宵佳节千古传唱的名句了。

因为元宵佳节，仕女都能光明正大外出游玩，于是成就了很多爱情故事。《紫钗记》中李益和朋友在街上赏灯，李益帮忙长安歌妓霍小玉寻得丢失的家传紫玉钗，二人一见钟情喜结良缘。因此长久以来，民间便将正月十五视作才子佳人的"情人节"。元宵节比起我们在《女娲篇》中讲到的春分日祭祀高禖，又有不同。元宵节是民间游乐普天同庆的岁时习俗，而上古春分日的高禖求子，乃是上古帝王"奔者不禁"的祭祀遗风。

古人元宵多赏花灯，故有灯谜。谜语是中国民间文学的一种特殊形式，古时称"庾辞"或"隐语"，大概起源于春秋战国时期。北宋时期，随着城市文化和经济的繁荣丰富，猜谜成为市民的一大乐趣。南宋时，每逢元宵，人们将自己制作的谜语挂在花灯上，供人们边观灯，边猜谜，甚至出现"谜社"，传世的作品有集成四册的《文戏集》。明清时期元宵节猜灯谜更加盛行，并出现了研究谜语制作的专门著作。

传统元宵佳节，民间百姓赏灯猜谜，自然也离不开美食。据说元宵节吃元宵的习俗大约形成于宋代，元宵最早叫"浮圆子"，后来才改称元宵。宋代周必大所写的《元宵煮浮圆子》诗，就有"星灿乌云里，珠浮浊水中"的描述，说明宋代元宵依然叫浮圆子。至于元宵后来又改称汤圆，据说是和民国初期的大总统袁世凯有关。洪宪年中（1916年）袁皇帝听到他的下属在元宵节当日大声连说吃"袁消"，这可犯了袁皇帝的忌讳。于是袁世凯手下杨云史就教袁皇帝下了一道手令，把元宵改叫汤圆了。还好元宵佳节过后不久，洪宪皇帝就撒手归天，元宵节才因此侥幸没有变成汤圆节。

但是汤圆作为一种食物名称却一直沿用了下来，也就是现在俗语所说的"北方吃元宵，南方吃汤圆"。很多人以为汤圆就是元宵，其实元宵和汤圆在原料、外形上有所差别，制作方法上也是南北各异。北方的元宵多用箩滚手摇的方法制成，南方的汤圆则多用手心揉团而成。汤圆一般是先将糯米粉用水调和成皮，然后将馅包起来即可；而北方的元宵首先需将馅做好冻起来，切成小方块，沾一下水后，再扔进盛满糯米面的笸箩内滚，一边滚一边沾水，往复三四次直到馅料沾满糯米面滚成圆球才大功告成。

春分过后，雨水又逢元宵，良辰美景，人好月圆。自古及今，吾国吾民追求的不外就是此种人间幸福罢了。

（三）惊蛰与雷神

"春雨惊春清谷天"，惊蛰乃是春季的第三个节气日。此时太阳运行到黄经345°，公历通常落在3月5日或6日。昆虫自从入冬以来，即藏伏土中，不饮不食，故称为"蛰"，也就是蛰伏的意思。到了惊蛰时分，天气转暖，春雷轰然，大地万物生发，故古人定义"惊蛰"，意即上天以打雷的方式，惊醒冬眠中的蛰居动物。

在遥远的上古时代，先民多生活在山川草莽间，俯仰天地之间，对自然现象就生出一套解释。其中尤以对雷电之现象，特别敬畏。自然界雷电威力绝大，可以引发山火，也可以击杀生物。在乌云密雨之际，先民瑟瑟躲在山洞之中，偷偷探看外处天空上电走蛇行，雷声霹雳。对大自然的敬畏，对风雨雷电的信仰，油然而生。所以在始祖神、日神与月神等天体化神信仰外，虚无缥缈、转瞬即逝的雷电，也成为祭祀的受体。先民通过祭祀，希望能安抚雷电暴烈不羁的力量，不要为害人间。

大神伏羲既然是雷神的后代，惊蛰节气自然也就与伏羲有些关系了。前文已述，伏羲的母亲华胥氏就是到"雷泽"游乐，看到一个巨人的足迹，好奇地踩了上去，因此感孕，生下儿子伏羲。而雷泽刚好是雷神居住的地方，华胥氏踩到的足迹，也就是雷神的足迹，伏羲自然也就被当作雷神的儿子了。那么雷电为何又会与龙扯上关系呢？如果单以形象来看，传说中龙的姿态，就是乘云驾雾；而雷电在云中闪过的形象，也正如龙或大蛇行走的模样。伏羲被赋予"人首龙身"之形，正是与此有关。古人以长蛇或大龙对应关联雷电，也确是有见。

不过，我们今天熟悉的与雷有关的神明，乃是后来道教中的人物，如雷公、电母等。他们专门监督人间善恶，处罚乱徒忤逆子。道教中还有雷法、雷司，其中尤为著名者，为九天应元雷声普化天尊，司掌五雷，为道教中极为尊贵的掌雷神祇。海峡两岸均曾经有祭祀雷神的庙宇，如北京有皇家祭祀雷神雨神的内八庙，台湾地区则有南投埔里的天雷宫等。

无论是祭祀伏羲的皇家庙宇，还是祭拜雷公雷母的道家法坛，体现的都是人类，特别是华人对大自然特有的敬畏爱护之情，此间亘古不变的，就是文化传统的传承。

"庙"不可言

河南淮阳太昊陵

传说，伏羲太昊氏在人间定都和死去的地方，就位于今天河南省周口市淮阳县附近。《诗经》有《陈风》，陈为国名，所在地即古伏羲太昊之墟，即今河南省淮阳、柘城和安徽省亳县一带。今天淮阳太昊陵也是中国大陆著名的三陵之一，与黄帝陵、大禹陵齐名。

故老相传，太昊陵始建于春秋时代，汉代开始已经在陵前建祠了。唐、宋两代帝王都曾下诏扩建陵园，祭祀太昊。现存的太昊陵为明英宗正统十三年（1448 年）所建，历经明清两代多次扩建与修葺。清代梁章钜所著《楹联丛话》一书中收录太昊陵中的一联："泄造化之机缄，万世文章开易象；规山川之形胜，千秋陵寝奠淮阳。"此联切人切事，还道出了伏羲与淮阳一地的历史渊源。

淮阳太昊陵，自古以来，不仅是国家祭祀伏羲之所，此地的庙会向来也是颇具传统特色。伏羲庙的庙会保留了一种古老的民俗及民间宗教活动，即带有原始巫舞色彩的"担经挑"。在淮扬当地，此舞又称"挑花篮""花篮舞"。庙会期间，每天都可以看到来太昊陵进香祭祖悦神求福的"经挑班子"。这些"经挑班子"舞蹈者每班四人，三人担花篮，一人打竹板，以数唱形式伴舞，三副经挑，六种花篮，边舞边唱。古时的舞者皆穿黑衣及黑色大腰裤，扎裹腿，黑绣花鞋，舞者头上裹长近1米的黑纱包头，包头的下边缘留有长6厘米的穗子。舞者中以年长妇女居多，因为这种带有祭祀性和民俗性乐舞，就是来源于我们前文所说伏羲出生的神话故事，因而表演的时候，年长女舞者要舞蹈出象征脚步踩踏的动作，以显示出华胥氏踩雷神足迹而怀孕得子的神话意义。

太昊陵庙会的声势浩大，且会期长，曾经是中原地区最具特色的庙会之一。华北民间谓每年的夏历二月二日为龙抬头日，此应当是和伏羲神话，以及和龙与降水有关。所以太昊陵庙会也是自每年二月二日始，至三月三日止，会期长达一个月，俗称"二月二"。

淮阳太昊陵的花篮舞，为我们了解伏羲神话内容、理解上古先民原始的生育信仰，提供了最好的民俗例证。

甘肃天水伏羲庙

在甘肃省天水市，保留有一座祭祀伏羲太昊氏的建筑：伏羲庙。

这座伏羲庙是中国西北地区著名古建筑群之一，原名太昊宫，俗称"人宗庙"，位于甘肃省天水市秦州区西关伏羲路，难能可贵的是，历经离乱，此座庙宇的主体部分依然大致保存完好，建筑风格呈现的是明代遗留的建筑特色。如庙宇屋顶正脊两端施龙吻，尾向内，背兽齐全，中央置宝瓶；脊身饰缠枝牡丹。这套饰构件的工艺与艺术价值均相当高，曾引起不少两岸建筑专家和艺术家的重视。

伏羲庙内有先天殿，又称正殿、大殿。在中院后部正中，是伏羲庙建筑群的主体建筑，明宪宗成化十九年（1483年）创建的太昊宫是其前身。明世宗嘉靖二年（1523年）扩建，时有榜书"先天"。清顺治十年（1653年）、乾隆四年（1739年）、嘉庆十年至十二年间（1805—1807）、光绪十一年至十三年间（1885—1887）屡经重修，始成今日的规模。穿过仪门，来到中院，就是伏羲庙建筑群的中心部分。正中位置为一月台，殿、阁、亭、榭，高下相间，与院内星罗棋布的株株参天古柏构成有机整体。民间说法，此殿前后院内原来共有古柏六十四株，是按照伏羲八卦以及六十四个卦位栽植的。此外庙内还有文祖殿，清乾隆三年（1738年）重建，殿内彩绘，更是保持了明代的暖色基调，历来为专家学者所称许。

今日伏羲庙大殿，乃是建筑在宽阔的露台之上。正面明间、次间、尽间隔扇门窗雕以盘龙、团凤、仙鹤、鹿等吉祥物图案，饰以牡丹、艾叶、松枝等植物。殿内伏羲像高3米有余，其手托八卦，像右侧原有龙马雕像，左置河图洛书石盘，1941年时曾被拆除，现已依原样恢复。殿顶棚以井口天花和藻井相伴装饰，井口天花镶嵌伏羲六十四卦卦象图，而藻井施绘河图和伏羲先天八卦图，是将庙宇装饰和伏羲神话内容紧密结合。

民间相传，夏历正月十六日是太昊伏羲氏诞辰日，按照传统，人们都要到伏羲庙来"朝人宗"，昔日的祭典，也曾经隆重而盛大。

北京皇家雷神庙、雨神庙

人首龙身的伏羲既然是雷神之后，雷电的形象在古人心中又如此神秘强大，所以后起道教中便有专门祭祀雷神雷公者。明清两代，北京城内更有专门祭祀雷神雷公的庙宇。

昭显庙，位于北京故宫西华门外北长街路西，原本是皇家道观，建于清雍正十年（1732年）。庙内原祀雷神，故俗称"雷神庙", 是北京俗称的"皇城内八庙"之一, 且与承德外八庙相呼应。该庙坐北朝南, 中轴线上自南向北依次为影壁、山门、钟鼓楼、前殿、中殿、后殿及配殿。其中, 钟鼓楼、中殿、后殿的屋面均为黄琉璃瓦, 其余建筑的屋面为绿琉璃瓦。1949 年后, 该庙改建为北京北长街小学, 现仅存影壁及后殿。

此庙虽被破坏, 然它东侧的雨神庙福佑寺, 却被完整保留了下来。

福佑寺, 位于故宫西华门外北长街路东。因该寺在清朝初年曾祭祀雨神, 故过去又俗称"雨神庙"。据《钦定日下旧闻考》载: "福佑寺, 雍正元年建。正殿恭奉'圣祖仁皇帝大成功德佛'牌, 东案陈设御制文集, 西设宝座, 殿额曰'慈容俨在', 前殿额曰'慧灯朗照', 大门外有东西二坊, 东曰'佛光普照', 曰'圣德永垂', 西曰'泽流九有', 曰'慈育群生', 皆世宗御书。"这一建筑始建于清顺治年间 (1644—1661), 原是康熙帝用来隔离自己躲避天花的住所。又有传说此庙是康熙帝幼年的读书处, 到雍正皇帝幼年时, 为防止出痘, 也曾经在保姆的照顾之下居于此处。到了雍正皇帝登基, 本拟将此处建筑赐给宝亲王 (即日后的乾隆帝) 为王府, 但似乎乾隆并未迁入。乾隆继位后, 就将此建筑改为喇嘛庙, 命名为"福佑寺"了。

福佑寺和祭祀雷神的昭显庙一样, 也是坐北朝南, 但外垣门西向。该寺共有三进院落，建筑和今日保留下来的雍和宫类似，为黄瓦红墙。寺院的主要建筑有山门、天王殿、大雄宝殿、后殿，以及东西配楼、耳房、后罩房等。其中天王殿是黄琉璃瓦歇山顶，内供四大天王泥金塑像。钟楼鼓楼位于天王殿前东、西两侧。黄琉璃瓦重檐歇山顶。钟楼内至今仍存雍正年间铸造的铜钟。大雄宝殿则面阔五间，黄琉璃瓦歇山顶，正脊中部有藏式莲花座铜塔。

1919 年 12 月 28 日，毛泽东率领湖南公民代表团来到北京，遂在福佑寺的后院配殿里暂住。毛泽东在福佑寺创办了平民通信社，并任社长。民国时期，1927 年西藏九世班禅来到北京，福佑寺被改为班禅驻北平办事处，寺内有喇嘛驻修，喇嘛们的食用开销由雍和宫划拨。直到 1960 年代初，福佑寺仍为班禅驻北京办事机构。1984 年，福佑寺被公布为北京市文物保护单位，建筑及佛像均保存完好。

台湾天福宫、天雷宫

（一）彰化县天福宫

台湾地区民间祭祀伏羲的庙宇，彰化的天福宫是其一。

据天福宫碑记记载，伏羲神像乃清代由大陆叶氏先祖自福建请至台湾，安奉于和美镇中寮溪州叶氏祠堂供族人朝拜，祈求六畜兴旺、家宅平安。历经数代族人供奉，更为感念伏羲先帝神威显赫，叶氏族人遂捐出位于同镇嘉宝里一块土地建庙，并命名为"天福宫"，依时祭祀。此后遂渐成为当地信仰中心，距今已经有逾三百年历史了。

除了文化上的渊源传承，此庙特色之一，据说是保留了当初由福建带来的伏羲平安令符，其今日已是文物。

（二）南投县天雷宫

至于台湾祭祀雷公的庙宇，则以位于南投县埔里镇的天雷宫，最为人熟知。

据说天雷宫原本的两尊神尊，也是在明宣宗宣德年间（1426—1435），先民自福建至台开垦时，恭请来供奉的，迄今已有500多年历史。先民早期至台开垦，多半靠天吃饭，由于一般民间普遍认为，雷神主掌天气，故而恭请来供奉，期盼能保佑五谷丰收。据说在雷神公庇佑下，其庄民子弟外出工作，都顺利平安。

天雷宫早期未建庙时，会于每年农历二月十九日即传说中的雷神诞生日（此日期与甘肃天水伏羲庙祭祀伏羲诞辰为同一日）掷筊杯，以得圣杯数最多者为炉主，将雷神爷请回家中供奉，如此相传五百年从不间断。目前的天雷宫，则是1982年时由当地信徒捐地出资兴建，历时一年完成入伙安座。目前庙内供奉七尊神尊，除具有五百年历史的两座雷神神尊外，另有风神、云神、闪神、雨神等神像。

我们通过比较两岸伏羲庙、雷神庙的历史渊源，建筑规模和建筑风格等，可以明显看出历史上皇家祭祀与民间信仰的不同特色。

附：

古代巴人

神话传说与文献记载中都说，伏羲太昊氏的后裔中有巴人，巴人建立了中国历史上著名的古代巴国。

巴人的起源，据《山海经·海内经》记载："西南有巴国。大皞生咸鸟，咸鸟生乘厘，乘厘生后照，后照是始为巴人。有国名曰流黄辛氏，其域中方三百里，其出是尘土。"袁珂《山海经校注》以为，"尘土"二字当是"廛"字误析为二。此段文字意思是说巴人的祖先叫后照，后照是伏羲太昊氏的后代。这就将巴人的来源与伏羲联系起来了。

前文已经讲过，伏羲攀爬天梯——建木——在天上、人间来回上下，而传说上古时代的巴国就在离建木不远的地方。在天梯附近还有一个国家叫流黄辛氏，这个国家周围三百里的地区，都是山水环绕，远离尘嚣，清净得好似仙境。古代的"巴国"，想来应该距离此地不远。学者研究以为，古代巴国大概以今日重庆为中心，大约在秦岭大巴山南麓，东至三峡地区，西至嘉陵江流域的中华大地西南一带。

先秦时期，巴人有广、狭两义：狭义的巴人指以廪君种为核心的古民族，广义的则包括巴人所建方国内的各民族。《世本·氏姓篇》中记载：古巴国建国的君王叫务相，务相的先人叫巫诞。这巫诞从名字来看，或许就是执掌了一族之中祭祀神明之事吧。巴人最早有五大部族，即五大姓：巴氏、樊氏、瞫氏、相氏和郑氏，散居在今天湖北中部的武（五）落钟离山（位于湖北省宜昌市长阳县）一带。传说此山上有红色和黑色的两座巨大石穴。巴氏之族皆出生于红色石穴，而其他四姓之人则出生在黑色石穴。在那个时候，无论哪个氏族，都可以直接与鬼神沟通，祭祀祈福。繁衍愈久，则五姓之人开始争夺对神明的祭祀沟通专权。于是彼此互相约定，能将剑直接投掷入大石之中的人，才可作为君长，独享祭祀之权。结果只有巴氏务相做到了。黑穴四姓却没有信守诺言，要求再比试一次，确定哪一姓之人才真正受到神的降福。这次五姓首领各自坐上泥土做成的花纹土船，谁能在水中不沉没，便推举他为君王。结果还是务相的土船没有沉入河中，于是这五姓就推举了巴氏务相为君长，称为"廪君"。廪君也就垄断了此前巴人五大氏族祭祀神明的权力。今日在湖北武落钟离山上，保留有1984年复建的廪君庙。

廪君当上君长之后，就率领大家坐上土船，从夷水（即今天的长江支流清江）西上，途中还降伏收用了盐水女神（也就是夷水女神），并最终到达了今天重庆附近，依旧凭借一块大石头，建立了古代巴国。古巴国在商代就已经与中原王朝来往了，甚至有可能还参加了周武王伐纣之役。《华阳国志》说此役周武王"实得巴蜀之师，著乎《尚书》。巴师勇锐，歌舞以凌"。巴人既然是伏羲的后裔，这阵前的歌舞，不知是不是也模仿伏羲母亲踩雷神脚印的动作呢？

《左传·桓公九年》记载："巴子使韩服告于楚，请与邓为好。"这里的巴子显然就是春秋时期巴国的国君了。《竹书纪年》也记载了这一史事，云"周恒王十七年，楚及巴伐邓"。此处纪年也正与《左传》纪年合。春秋中后叶，是巴国势力的最强盛时期。春秋之世，巴国势力中心可能在今湖北省襄樊市附近，战国之后才迁入四川夔门一带。到了秦惠王更元九年（前316年），秦灭巴、蜀，置郡。巴人自廪君建国到秦人置郡，前后存在了近千年。现代学者研究认为，分布在湖北湖南与重庆的土家族，很可能就是巴人之后（参童书业《古巴国考》、潘光旦

《湘西北的土家与古代的巴人》)。因为今日的土家族，也还保留着"廪君种"这一说法。

20世纪80年代末、90年代初，湖北省天门市石家河镇，考古发现了石家河遗址。此遗址距今约4000多年，主要代表了当时长江中游地区的文化与文明水平。石家河文化上袭屈家岭文化而来，出土文物以小型精致的玉件而受关注。玉人头、玉虎头、玉鹰和玉蝉等都属于玉器中的精华部分。这些玉器体积小、重量轻，纹饰简洁，做工却很精细。它们大多出土于成人瓮棺之中，显示石家河先民具有特殊的原始宗教信仰。尤其是大量玉虎头的出土，正与廪君死后化作白虎的传说吻合（见《后汉书·西南夷传》)。至于石家河文化中的玉人头基本都具有"头戴冠帽、菱形眼、宽鼻、戴耳环和表情庄重"的特征，学者认为这些玉制的人头形象可能代表着石家河先民尊奉的神或巫师的形象。

不仅石家河文化遗址的区域与古代巴人生活的地域大致相符，而且我们知道伏羲通天的建木、周祖后稷的葬身所，均在今成都附近；再加上三星堆精美铜器和石家河玉器的出土，似乎说明了今日的巴蜀地区，与中国远古神话故事、历史传说都有着深厚的渊源与联系。

神农

·

教民耕作

涵育养化

甲
神话传说

盘古开天辟地，创造了宇宙万物；女娲抟土造人，补天修地；伏羲起阴阳八卦，始定人伦。在他们三位大神之后，不知隔了多少年代，又出现了一个大神：神农。神农也就是历史传说中的人间帝王——炎帝。

据说到了神农做天神的时候，大地上的人类已经生育繁多，自然生物已经不够人类享用了，于是神农教会人类怎样播种五谷，以求温饱。远古的先民，因为相信是神农教会了人类耕作，种植五谷，又教晓了人类辨识药草，疗愈伤病，故特别感恩怀念这位农业之神与医药之神。而且，先民还相信传说，是神农让太阳发出足够的光与热，使五谷生长，从此人间才不愁衣食。因此人类就将这太阳神与农业之神、医药之神，又尊称为炎帝神农了。在华人社会中，尤其重视对神农的祭拜。

传说神农不仅教晓人间分辨、种植了五谷，《周易·系辞》中还记载说，是神农发明了古农具耒耜，并教会天下人使用，以利耕作。所以汉代画像砖里面的神农形象，便是手持耒耜于田间耕种的人间帝王了。传统中国以农立国，作为农业之神的神农，因此也备受推崇，更成为后世历代帝王都借以劝民勤于稼穑的圣贤。

据说神农同伏羲大神一样，也是母亲感孕而生，而其样貌，乃是"牛首人身"。唐代张守节《史记正义》引西晋皇甫谧《帝王世纪》，是这样说的："母曰任姒，有蟜氏女。游华阳，有神龙首，感生炎帝，人身牛首，长于姜水。"这牛头人身的形状，想来是因为先民对帮助农人种植百谷的神农及犁田的耕牛产生了感恩心理，以致将其作为神灵来崇拜祭祀吧。一如伏羲在古人的神话故事中是"人首蛇身"一样，此等想象，当都出于古人对大自然、对有大功于人类的始祖的敬爱。北魏（386—534）郦道元著有《水经注》一书，还讲到农业之神的炎帝，在刚刚出生的时候，在他诞生地的周围，自然就出现了九眼水井，完全不需要半点人力协助开凿。而且这九眼水井的水还是彼此相连，若是汲取其中一眼水井的水，其他八口水井的水都会跟着波动，神明之出生，确是与众不同。

神农在人间教会百姓种植五谷，传说是因为某日天神为人间降下启示的缘故。传说有一天，天空中落下很多谷种，神农知道这是上天赐予的食物，就把这些谷种收集好播种在开垦过的土地上，以后就有了人间的五谷：黍（黄米）、菽（黄豆）、麦（小麦）、稷（小米，又称粟）和稻（稻米）。相似的传说在

《拾遗记》一书中则被记载成另外一种美丽传说：当时有一只遍体通红的鸟，嘴里衔了一株九穗的禾苗，飞过天空，穗上的谷粒坠落在地上，神农便把它们捡起来，种植在地上，此后便长出了又高又大的五谷嘉穗。人吃了不但可以果腹，还可以长生不死。无论神农种五谷的传说来源何处，内容均大致相同。这些故事都意味着神农时代，禹域境内的先民，已经学会种植野生的谷物了，人类的生产生活进入了一个全新的时代。

无论是典籍记载，还是考古发现，都证实了中国先民种植五谷，有着悠久的历史。《诗经》中云"硕鼠硕鼠，无食我黍""中原有菽，庶民采之"，其中的黍、菽，就是黄米与黄豆。在先秦时代，黍更是先民最主要的粮食。考古发现也证明，五谷之一的黍，就是起源于中国。河北磁山新石器遗址保存的早期农作物化石，经测试发现就是距今 8000—10000 年前种植的黍。中国北方不仅关于黍子的遗址多、时代久远，而且还发现了黍子的大量野生种和不同品种，据学者研究有 400 多种。稷在距今 7000—8000 年这一阶段出现得少，但后来，逐渐取代了黍，成为百谷之长，甚至成为农作物与农业耕作的代名词。

神农不仅教会先民分辨五谷与耕作土地，他同时也是亲尝百草的医药之神。自伏羲女娲时代以来，人类已经自行生育繁衍，数量众多了。作为人，其生老病死自然也是必须面对之事。

神农发现很多动物在受伤后，会寻找一些地上长出的植物，咀嚼磨碎后涂在伤口上，过一段时间伤口就会复原。所以《搜神记》中就说神农用了一种叫"赭鞭"的神鞭，来鞭打各种各样的植物药草。这些药草一经神鞭扫到或鞭打到，它们有毒无毒，或寒或热，各种药性都会自然显露出来。神农就是根据这些药草的不同性理，教会先民如何来医病的。此外还有一种传说是说神农亲自去尝味了各种各样的植物药草，因为他的肚子是透明的，可以方便看到药草吃下去产生的效果。因为尝百草辨药性，神农曾经一天中毒70多次。据说在今天山西省太原市附近有个叫神釜冈的地方，还存留着神农当初尝药的大鼎；成阳山中，还有神农鞭药的古迹，这山因此也被称为"神农原"或"药草山"。这些传说，无疑代表了百姓对这位医药大神在人间功绩的怀念与崇敬。

除了种植五谷与品辨百草，关于神农本身的传说故事并不多。但是作为太阳神炎帝，有关他的儿女们的神话故事，却流传最广，也最为人熟知。《山海经·海内经》中说，火神祝融、水神共工都是太阳神炎帝的后裔，祝融与共工就是我们在本书《女娲篇》中讲到的那两位水火不容的大神，他们因打斗撞穿了天，才有了女娲炼石补天，救民水火的故事传说。祝融、共工这两个儿子以外，炎帝还有三个女儿。其中一个女儿名"女娃"，有关她的神话传说更是出名的励志故事。据说女娃有一次去东海游玩，海上起了风浪，她不幸淹死在了海里。她的魂魄化作了一只鸟，形状有一点像乌鸦，名叫"精卫"，花头，白嘴，红足，住在北方的鹿谷山上（传说在今天山西省境内，属太行山分支）。女娃悲愤自己年轻的生命被无情的大海毁灭，因此她常衔了山上的小石子和小树枝，投到东海里去，想把大海填平。这种鸟，传说在海边和海燕结成配偶，生下的孩子，雌鸟便像精卫，雄鸟便像海燕。"精卫"因为曾经淹死在那里，就发誓不喝那里的水，所以民间便称呼精卫为"誓鸟"或"志鸟"，或是直接叫它作"帝女雀"。"精卫填海"这个成语，便是由此而来了。

至于另外一个成语"巫山云雨"，就更耳熟能详了。传说炎帝的另外一个女儿名叫瑶姬。瑶姬在还未嫁的时候，突然夭亡了。满怀心事的少女，她的精魄到了一处叫姑媱之山的地方，化作了一棵瑶草。《山海经·中次七经》说这瑶草的叶子长起来重重叠叠，非常茂盛，开黄花，结出的果实像菟丝的果子。谁吃了这种果实，就会得到异性的垂青与喜爱。天帝哀怜瑶姬的早夭，就封她到巫山（可能即今天四川境内之巫山）去做了女神，负责在山间行云布雨。早晨她化作一片美丽的朝云，悠游在山岭和峡谷之间；黄昏时候则又变成一阵潇潇暮雨，润泽大地。战国末年，楚怀王（前328—前307年在位）到云梦游玩，住在一座叫"高唐"的馆阁之中。一日午睡，梦到一神女自称巫山云雨之神，特别来相荐枕席。楚怀王于是在梦中与女神欢好，醒来之后，回想梦境，思念惆怅不已，就在高唐附近给她建造了一座庙宇，取名"朝云"，依时祭祀。后来楚国的辞人宋玉，特别作了一篇《高唐赋》来记录这件奇妙的事情。后世文学作品中"云雨之欢""荐枕席""宋玉悲"等比喻男女好合的典故，皆是由此而来。

《大戴礼记·帝系》篇、《史记·五帝本纪》篇等典籍中还记载说作为人间帝王，炎帝与黄帝还是同父异母的兄弟，他们都是上古部落少典氏的后人。炎帝与黄帝的后裔在禹域神州繁衍生息，遂成为今日华人之主体。《帝王世纪》是这样说的："神农氏，姜姓也。长于姜水。有圣德，以火德王，故号炎帝。"因生而得姓，今日百家姓中的姜姓，也是由此而来。姜姓以外，厉姓与赖姓也都是炎帝之后。文献记载，炎帝神农在人间，"初都陈，又徙鲁。又曰魁隗氏，又曰连山氏，又曰列山氏"。唐代魏王李泰所辑《括地志》中也说："厉山在随州县北百里，山东有石穴，昔神农生于厉乡，所谓列山氏也。春秋时为厉国。"《左传·桓公十三年》（前699年）曰："楚子使赖人追之，不及。"鲁僖公十五年（前645年）也有"齐师曹师伐厉"的记载。此处的赖与厉，均指厉国，其在今湖北随州市东北，均为古姜姓国之一。厉，古音亦读作赖。所以现在百家姓中的厉姓、赖姓，与姜姓一样，均是神农炎帝之后。

人间之百家姓，多由炎帝、黄帝繁衍而来，故炎帝神农氏与黄帝轩辕氏，同是传说中华夏民族的始祖神。

乙
文史典故

神农与社稷

神农教会先民种植的五谷之中，以稷的地位最为重要。稷，即今日俗称之小米。古人观察到其生长要历秋、夏两季才能成熟收成，成长期等于经过了一年四季，从而阴阳皆备，所以显得最为贵重。而且，在古代没有大米白面出现之前，稷是先人最重要的农作物，故此便逐渐被尊为百谷之王，直接以"稷"来代指所有农作物了。

古人心中，有社（土地）有稷（谷物），才成为一国家。社稷也因此成为"国家"的代名词，即所谓"江山社稷"。东汉班固在《白虎通》一书中说："王者所以有社稷何？为天下求福报。人非土不立，非谷不食，土地广博，不可遍敬也。五谷众多，不可一一祭也。故封土立社，示有土也。稷，五谷之长，故立稷而祭之也。"可见，有了五方之土，有了五谷，才有人民才有家与国。代表上天统治人间的帝王，是代表百姓来祭祀社与稷，目的是为百姓祈求五谷丰登，为帝祚祈求福报延绵。

社、稷之意义，古人分辨得十分清楚。《左传·昭公二十九年》（前512年）记载了晋国魏献子与太史蔡墨之间的一次对话，显示了春秋时期社、稷的关系。兹先略摘录原文如下，再稍作解释，以明其意。蔡墨说："故有五行之官，是谓五官。……社稷五祀，是尊是奉。木正曰句芒，火正曰祝融，金正为蓐收，水正曰玄冥，土正曰后土。……共工氏有子曰句龙，为后土……后土为社。稷，田正也。有烈山氏之子曰柱，为稷，自夏以上祀之。周弃亦为稷，自商以来祀之。"从这段文字中，我们知道"社"是土神之名，"稷"是谷神之名。句芒、祝融、蓐收、玄冥、后土皆是木、火、金、水、土之神名，而不是被祭祀的人。"正"则是掌管其官的意思。

以"土正曰后土"为例，就是说后土神是五行之中掌管土的官员，故得以在人间享受祭祀。孔颖达《正义》进一步解释说："后者，君也。群物皆土所载，故土为群物之主。以君言之，故云后土也。""社"既然是土神，"后土"又是土神的长官，所以"后土""社"也就成了土地神在人间祭祀中共享的名字了。再来了解"稷"。五谷之一的稷，历代学者皆考订过其名称的变化与含义，其实稷就是今日所吃的黄色小米（参见吴荣曾《稷粟辩疑》文）。古人既然以稷为百谷之首，所以也就把稷神拜为农田耕作的长官了。上述引文中说烈山氏有个叫"柱"的后代，因为擅长耕作，就让他做了掌管耕作的官员，死后被奉为"稷"，在夏代以前，都被作为谷神尊奉。我们虽然不知道夏代以前的谷神"柱"到底有何神奇，但是"烈山氏"我们是知道的，烈山氏就是神农。前引《括地志》一书中说："厉山在随州县北百里，山东有石穴，昔神农生于厉乡，所谓列山氏也。"列、烈、厉三字，音近而形略异。想来这"柱"也定是和神农烈山氏有些渊源了。

姬周的先妣有邰氏姜嫄，就是炎帝神农的后裔。我们在本书《女娲篇》已经讲过姜嫄，她于仲春之日祭祀高禖，踩大神足迹而受孕，生下了弃（即周弃的出生与伏羲、神农一样，均是感孕而生）。许慎的《说文解字》说："邰，炎帝之后，姜姓。"所以这弃的母亲，确实就是神农的后裔了。周弃似乎遗传了神农一脉的本领，同样善于耕种。所以周弃就在舜治理天下的时代，做了农师之官，负责教民稼穑。此即《尚书·舜典》中所说"弃，黎民阻饥，汝后（案：后当为"居"字，参王先谦《尚书孔传参正》）稷，播时百谷"。就是说尧任命弃做了管理耕作的稷官。周弃一生以此职官，有大功于时人，所以在他死后，就被先民尊为"稷"神，即后稷。此"后稷"之"后"，乃是尊而大的意思。且自殷商以降，后稷更是取代了"烈山氏柱"，作为农业与谷物之神，享受人间的祭典。

中国历史上传统王朝建国，宫殿之制，向来都是遵循"右社稷左宗庙"之古制。意思是说在坐北朝南的宫阙左侧（紧邻宫阙的东侧）一定建有宗庙以祭祀祖先，即太庙（明清两代皇帝祭祀祖先之所）。而在宫阙右侧，则一定建有祭祀土神与谷神的社稷坛，以体现有家有国者，"非土不立，非谷不存"之大义。明清两代，有专门祭祀社稷的皇家祭坛——社稷坛，其至今保留在故宫紫禁城西侧之中山公园内。

中山公园内的社稷坛，形状为四方形，石阶有三层，每层各有四级。曾用天然五色土随五行方位铺成：东方青色土，南方红色土，西方白色土，北方黑色土，中央黄色土。中央还埋有社主，社主用石而稷主用木。祭祀社稷，为国家之重大祭典，每岁春秋仲月上戊日，皇帝亲诣行礼。除了春秋两季的祭祀大典在此举行，王朝用兵得胜之后，如清朝雍正二年（1724 年）平定青海、乾隆二十年（1755 年）平定准噶尔、乾隆四十一年（1776 年）平定金川，献俘礼都是在社稷坛举行。1911 年清帝逊位，1914 年社稷坛改名"中央公园"，为当时最早设立的对民众开放的公众园林，1928 年又改名为"中山公园"。1949 年中华人民共和国成立，"中山公园"的名称沿用至今。祭祀土地神祭祀谷神的社稷坛，完好无损地保留了下来。

先民对祖先的崇敬，对土地和农作物的珍爱，均可在太庙、社稷坛之类的古建筑中，具体而微地显现。

后稷与周弃

《左传·昭公二十九年》载"有烈山氏之子曰柱，为稷，自夏以上祀之。周弃亦为稷，自商以来祀之"，即是说神农氏的后裔柱，与姬周的先祖弃，均做过稷之类的田正。

《诗经·大雅·生民》中这样描述周祖弃的出生："生民如何？克禋克祀，以弗无子。履帝武敏歆，攸介攸止。"是说后稷的母亲姜嫄无子，因此参加祭神的仪式，神舞蹈在前，姜嫄尾随其后，即跟随着神的足迹而舞蹈。司马迁在《史记·周本纪》中是这样记载的：有邰氏的女儿姜嫄有一天到郊外游玩，见到地上有一个巨大的脚印，心中突然有欲望很想用脚踩到这个足印上。因为这是个神人的足迹，所以姜嫄踩上去之后就有感应而怀孕了，后来生下了周人先祖弃。由此看来，周弃和本书讲到的伏羲一样，都是母亲感神人足迹无父而生的，上古周人并不忌讳这一事实，后世子孙更是浓墨重彩地神话其事。此一层意义，清代马瑞辰在其《毛诗传笺通释》中即已言明："唯知后稷母为姜嫄，相传为无夫履大迹而生，遂作诗（《生民》）以神其事。"河南淮阳太昊陵的民俗舞蹈"花篮舞"，正是当地乡民祭祀伏羲时，模仿伏羲母亲华胥世氏足踏雷神足迹而生下伏羲的神话故事，显扬先祖之神迹而已。

更有学者考证说，周人姬姓，这"姬"字其实就是感神足迹而生的"足迹"之意。古人因生以得姓，因功以受氏，周人也正是以此姬姓纪念自己的祖先。传说姜嫄因为这个小孩子出生，不知父亲是谁，就因此不想抚养他。先是把他抛弃在狭窄的巷子里，可是经过的牛马不但没有踩到这个婴儿，反而喂他吃奶；姜嫄又想把他抛弃在山林里，恰巧林中人多，而再换地方；最后就把他抛弃在冰河之上，想冻死这个婴儿，怎知空中的飞鸟居然飞下来用翅膀覆盖温暖他。姜嫄觉得这个孩子一定是神赐予的非一般礼物，就下决心要抚育他了。又因为当初想把他抛弃，所以就给他取名为"弃"。

周弃的母亲既然是神农之后裔，所以传说中弃从小就很得遗传。他在游戏的时候都是喜欢把那些五谷及各种瓜果的种子采集起来，种在地里，结出的果实也特别饱满肥美。等到他长大成人，更喜欢耕作种田了，他根据土地的不同，种植不同的谷物蔬果，身边的人也都愿意跟随他一起劳作。当时统治人间的帝王唐尧，就请他指导人们如何耕作，先民由此而得温饱。周祖弃就做了"稷"这个田正之官。此后舜继尧位，因为弃有大功于民间，就把邰（大概在今天的陕西省武功县）这个地方分封给了他，更让他直接袭用了"后稷"这个封号。从此"稷"就从单纯的谷物名称，有了官名、人名、神名的混合含义。

传说后稷还有一个弟弟叫台玺，台玺有个儿子名叫叔均，他们父子也都是善于稼穑的农业高手，而且传说还是叔均发明了用牛来代替人力耕种的方法。由此可见周人先祖这一族，确实就是善于农业耕作的部落。此外，《山海经·海内西经》还记载，后稷死后，葬在了一个山水环绕、风景优美名叫都广之野的地方。这都广之野，就是那感雷神足迹而生的伏羲生活过的地方。在这里百谷自然生长，不管是夏天还是冬天，都能播种，生长出的米、黍、豆、麦都又白又滑，凝如膏脂。鸾鸟在这里啼叫，凤凰在这里舞蹈，各种各样的飞禽走兽都聚集在这里。草木冬夏常青，看来也是一个水草丰美、五谷丰登的地区。有学者以为，这"都广""广都"其实是一个地方，应当就在今天成都双流附近。

周祖弃即稷死后，周部族先民非常怀念他，感念其德，故特别重视对他的祭祀。《孝经·圣治》章说："昔者周公郊祀后稷以配天。"《诗经·周颂·思文》更详细描绘，"思文后稷，克配彼天。立我烝民，莫匪尔极"，颂扬后稷播植百谷，烝民乃粒，万邦作义之大德。而《诗经·小雅·楚茨》更是一首详细记载周王祭祀先祖的乐歌，其首章云："楚楚者茨，言抽其棘，自昔何为？我蓺黍稷。我黍与与，我稷翼翼。我仓既盈，我庾维亿。以为酒食，以享以祀，以妥以侑，以介景福。"方玉润《诗经原始》评此章说："先从稼穑言起，由垦辟而有收成，有收成而得享祀，由享祀而获福禄。"是探得诗旨，更符合传说中后稷的事迹。

敬天敬祖，重农力耕，丰收而享祀，正是人间百姓所祈求之福报。

先农坛与藉田礼

古代王朝，帝王祭祀"社""稷"，为国家求福报、为人民祈富足。为表诚意，帝王还会身体力行，亲行"藉田"礼，借祭祀社稷先农，以宣扬农为邦本、重农抑末之目的。

《左传·襄公七年》（前566年）记载："夫郊祀后稷，以祈农事也。是故启蛰而郊，郊而后耕。"可见春秋时代，祭祀后稷、祈福农事的典礼之中，还有一耕田之礼。至于祭祀先农的时间，多在春天或者季冬腊月。至少从汉代开始，百姓就已经要依时祭祀先农了。如《汉书·郊祀志》载："高祖十年春，有司请县常以春二月及腊祠稷以羊彘。"也就是说从汉高祖刘邦起，汉代各乡在每年的仲春之月与每年的腊日（有关腊日来源及习俗，参本书《颛顼篇》）均会用猪羊祭祀田正、祭祀先农。如果帝王亲祀神农，则往往与"耕"礼并而行之。此外辑录西汉官职制度的《汉旧仪》记载："先农，即神农炎帝也。祠以太牢，百官皆从。皇帝亲执耒耜而耕。"是祀先农与帝王"始耕"的藉田礼相结合，早已有之。到了东汉，此藉田礼一直存行，《后汉书·祭祀志》中就说"县邑常以乙未日祠先农"。东汉时期顺帝（126—144年在位）长期不行藉田礼，臣下黄琼就要上疏劝诫："迎春东郊，既不躬亲，先农之礼，所宜自勉。"足见时人心中，藉田礼之重要。

藉田礼的"藉"，是借的意思，所谓借民力以治田也，所以称为"藉田"。如《诗经·周颂·载芟》，就是一首描述春季藉田以祈求丰年的诗歌："载芟载柞，其耕泽泽。千耦其耘，徂隰徂畛。……为酒为醴，烝畀祖妣，以洽百礼。有飶其香，邦家之光。"其描述的正是周人藉田以及以酒食祭祀祖先的盛大场面。

到了明清两代，皇家更是专门兴建供帝王祭祀神农和举行耕藉典礼的场所。现存于北京的"先农坛"，就是明清两代皇家祭祀的场所。先农坛始建于明永乐十八年（1420年），初名山川坛，合祀先农、太岁、风云、雷雨、五岳、五镇、四海、四渎和钟山诸神。明嘉靖年间（1522—1566）重订庙坛礼制，形成多种祭祀的格局：分置太岁殿，专祀太岁；新建天神坛、地祇坛和先农神坛、藉田等。到了明万历年间（1573—1620），正式命名为先农坛。清乾隆十九年（1754年），又对先农坛作了较大修饬，如改土木建筑的观耕台为砖石琉璃瓦建筑，改斋宫为庆成宫等，确定了今日所见先农坛之整体格局。两个甲子以前，即1900年，八国联军攻入北京，先农坛遂成为美军兵营，其司令部就设在先农坛之太岁殿，所幸彼时先农坛建筑群未遭美军破坏。

于清代落成之先农坛，坐落于北京昔日正阳门外西南，永定门之西，南向，北与天坛相对。先农坛平面呈北圆南方之形，总面积有860万平方米。其建筑中的神殿，用来贮藏神牌；神库，用来贮藏礼器，又有其他如神厨、神仓、收谷亭、观耕台等，其中更专辟有一块供皇帝御用的"藉田"。每年仲春或者季春之吉亥日，先以太牢祭祀先农，即炎帝神农。清人震钧的《天咫偶闻》一书记载："顺治十年定于仲春亥日祭先农，后改为三月亥日，以六壬亥为天仓也。"祭典之后，皇帝会亲耕藉田，户部礼部顺天府主要官员，也均要一起参加。皇帝象征性地三推三返之后，从耕的三王九卿，也依次下田耕种。此外清人吴振棫所著《养吉斋丛录》一书，就详细描述了康熙、乾隆年间的藉田礼（参《养吉斋丛录》卷五相关诸条），先农坛内有司，及至秋收时节，还会选择特别饱满的稻谷存贮在神仓内，以备终年祭祀之用。《春秋经》记载，鲁桓公十四年（前698年）"秋，八月，壬申，御廪灾。乙亥，尝"。春秋鲁国之御廪与尝礼，清代先农坛中的神仓、祭祀宗庙之礼，均是自古礼制之传承。

周人敬拜先祖后稷，历代帝王祭祀先农，亲耕藉田，表达的均是古人"上律天时下袭水土"之天人之道。

高唐神女

我们在前文女娲的神话中讲到，女娲神乃是上古的高禖之神，特别在春分之日受到人间的祭拜。有学者考证，这"高禖"一词其实与"高阳""高密""高唐"等同义，都暗示了男女交配繁衍之意。所以楚怀王梦中与炎帝女儿相遇之所即名高唐，当也就是袭取男女之道阴阳相合之意。无论是女娲的高禖祭祀，还是炎帝女儿的高唐传说，都显示了上古先民对天地阴阳、对人伦之道的重视。

楚襄王（前298—前263年在位）时的楚国辞人宋玉，根据巫山云雨的传说，写下了《高唐赋》《神女赋》两首作品。其中《高唐赋》在序中通过对话，描述楚王与神女巫山相会的故事。文分六段，第一段描写雨后新晴而百川汇集时水势奔腾之状；第二段描写山中草木繁茂兴旺，风吹枝条发出如音乐般的美妙声音；第三段描写登山远望，山势高峻险恶，怪石嶙峋的奇景；第四段描写登上高唐观之侧，眼中可见的迥然不同之景象：芳草丛生，众鸟和鸣，一些巫师仙人正在祭祀祈福；第五段描写楚王在此奏乐畋猎的盛况；最后一段则进谏言，希望楚王能进用贤才，欲想延年益寿，不必定去与神女相会。两赋均辞采瑰丽，铺陈夸张，对后世的文学作品产生了极大的影响。

高唐神女这一神话传说与文学故事，此后越来越多见于各种诗文辞赋。就连诗圣唐代的杜甫也曾写下"摇落深知宋玉悲，风流儒雅亦吾师。怅然千秋一洒泪，萧条异代不同时。江山故宅空文藻，云雨荒台岂梦思？最是楚宫俱泯灭，舟人指点到今疑"的千古名作。子美此诗，虽重在咏史怀古，然而诗圣笔下的"宋玉高唐""荒台云雨"等，却成了后世历代诗人最喜欢引用的典故。尤其"云雨"一词，更是成了古代文人描写男女房事的常用专有词语。

现代诗人闻一多，在其《高唐神女传说之分析》一文中，引用大量古人诗词，详细论证了高唐与高禖、云雨与食物的关系，确是不易之论。近年两岸多有描述清代皇宫故事内容的电视连续剧，其中宦官、宫女中有"对食"一说。这一说法其实早在《汉书·外戚传》中便有了："房与宫对食。"颜师古注引应劭《风俗通义》解释说："宫人自相与为夫妇，名对食。"即明言古人以"食"喻色，即"食色性也"之意。

证之以今言，粤语口语中迄今保留了不少以食物或吃来形容男女大欲的古字古意。如《诗经·曹风·候人》中说："彼其之子，不遂其媾。"其中的"媾"字，《诗毛氏传》曰："媾，厚也。"即厚遇之意，更有男女相好之意。今粤语中则有"沟女"一词，意思是结识女孩、约会女孩。这里的"沟"字即古"媾"字。再如《诗经·周南·汝坟》说："未见君子，惄如调饥。"此处"调饥"即是"朝饥"，是晨起饥饿之意。古人形容男女大欲不遂为"朝饥"或直接称为"饥"。人饥则需食，所以又以"朝食"二字，暗指通淫。《诗经·郑风·狡童》中明言："彼狡童兮，不与我食兮。"今粤语说"偷食"，正是比喻背着自己伴侣约会别人之意。而形容男人成功与女性友人性交，粤语则说"食左"或"哒左"。此处的"哒"与"食"，均是"吃"之意。自古及今，这些口语俗话，活色生香，虽不入大雅文章，却正是今人生活传承古人文化传统之明证。

神农女儿巫山云雨的传说，与伏羲女娲人首蛇身的神话一样，都表现出了上古先民对男女大欲、对阴阳之道的崇拜。

丙
四时人间

二十四节气之小暑大暑

与神农神话相关的节气，是小暑与大暑。

"夏满芒夏暑相连"，小暑大暑相连，是夏季节气中的最后两个。每年公历的 7 月 6 日或 7 日，太阳运行到黄经 105°时，则为小暑。《淮南子·天文训》所谓："（斗）指辛则小暑。"此时天气已热，然尚未达于极点，故名之曰小暑也。俗语也有"小暑过，一日热三分"之说。表示小暑以后，天气将一天比一天热，直至最为炎热的"大暑"节气为止。

"大暑小暑，上蒸下煮。"过了小暑，就要进入民间所说的"三伏天"了。三伏天是一年中最热的时节。伏，即伏藏的意思。相信是东汉人所著的《释名》一书曰："伏者何？金气伏藏之日，金畏火，故三伏皆庚日。"庚日，在中国的历法与阴阳学说中，就代表了五行中的金。以六十甲子纪日推算，夏至节气后第三个庚日起为初伏，第四个庚日起为中伏，立秋后第一个庚日起为末伏。

小暑的高热天气，特别有利于农作物生长。北方的小麦、南方的稻子，此时都要开始收割了。丰盛的收获当然也会伴随隆重的祭祀仪式，如祭天、祭地、祭祀土地公等。过去民间逢小暑节气，会有"食新"的习俗，也称作"尝新"或"尝"。《礼记·月令》中就有"尝麦""尝黍"的记载。意即是在小暑过后人们将最新鲜的面粉蒸成馒头等食品，献给祖先。或将新割的稻谷碾成米后，以此供奉五谷大神和祖先，感恩大自然及祖先的庇佑。《左传》中还有这样一个故事：晋景公梦到赵氏祖先化作恶鬼，前来寻仇。晋景公招巫师卜此梦。巫师曰："（景公）不食新矣。"到了夏历六月时，景公果然在献麦尝新前，晕倒跌入粪坑而死（参《左氏春秋·成公十年》）。可见"尝新"确实是当时重要的一个节气祀典。

无论皇室还是百姓，祭祀的五谷之神都是神农。前文也特别讲到过，明清两代皇帝在春季藉田之后，秋天所收获之谷物，也会被收贮典藏，稍后用于祭祀天地祖先。这也体现出上至帝王，下至百姓，对先农对祖先对土地对农作物的尊敬。此外，我们还知道，神话传说中神农的外形为"人身牛首"。而这牛首的造型，也正代表了他与农业耕种的关系。因此民间有个习俗，祀奉神农时不用牛肉。因为牛是协助神农耕种土地、养育黎民的动物，故以农为本的农人不忍心吃了自己的恩人。迄今台湾民间如果其家祖上以耕田为生，则家中多不食牛肉。此中含义，也正如传说中清朝科举出身的世家子弟，不食鲤鱼，以避免有损自家应试中举"鲤鱼跃龙门"的好运。感恩惜福，自古皆然。

在小暑大暑炎热的三伏天气中，古人发明了许多消夏纳凉的工具，其中就有"竹夫人"。此竹夫人，其实就是用竹子做的抱枕。宋代大诗人苏东坡曾有一首《送竹几与谢秀才》诗："留我同行木上座，赠君无语竹夫人。"竹夫人又称竹几、竹夹膝，凭其名便可想见，它由竹篾编成，网状圆筒形，中空，用来怀抱入睡，消暑度夏，以慰长夜。陆放翁亦有诗："虚堂一幅接篱巾，竹树森疏夏令新。瓶竭重招曲道士，床空新聘竹夫人。"直白地说出了竹夫人在何时何地如何使用。

竹夫人既然常伴古人于夏日卧榻之间，名美而意晦。历朝历代均有诗人将其与炎帝女儿的神话，即"高唐云雨"联系起来。北宋诗人黄庭坚云："青奴元不解梳妆，合在禅斋梦蝶床。公自有人同枕簟，肌肤冰雪助清凉。"诗中的"青奴"即竹夫人。而元人谢宗可更直言竹夫人"应无云雨三更梦，自有冰霜六月秋"。20世纪80年代，香港某著名电影导演就曾经以《竹夫人》为名，拍摄了一部风月电影。真可谓是取意古贤，风流后世了。

吾国吾民，从食物到器用，早已将传统文化之精髓与日常生活巧妙融合，可谓衣食住行，无不兼美。

台湾的神农祭

台湾和大陆一样，民间均特别重视祭祀神农。今日台湾庙宇中神农氏的造型也相当有特色：多高额头角峥嵘，戴着树叶颈饰，以象神农"牛首人生"之说；腰着草裙或树叶，手持稻穗或草药，赤脚，以象播植百谷、亲尝百草之意。神农神像的脸部颜色主要有红、黑两种。红色脸代表因为教民稼穑，久经日晒，而晒成红色，更象征神农以火德王。而黑色的脸则代表神农尝尽百草，因中毒而变黑色。红与黑，因而就象征了神话传说中神农植五谷与尝百草的故事了。

台湾民间以夏历四月二十六日为神农大帝圣诞，各地的神农庙多举办相关活动，成为地方重要的庙宇节日与市民欢乐日。如位于新北市的三重先啬宫，每年的神农祭号称"三重大拜拜"，成为每年当地居民的一项重要文化节日，也成为游客来参与的旅游项目，俨然已经是新北市的城市文化标志。至于其他地方发展"神农文化季"活动，还包括了阵头绕境、女冠赞礼等，如桃园龙潭龙元宫甚至还设有"赛猪公"的活动。

台湾迄今还保留了神农祭古老的祭祀仪式，其中又以台北保安宫神农祭典礼为代表。台北保安宫传统典礼三献礼的祭典采道家礼制，由时任保安宫的董事长主祭。由于神农大帝称"五谷先帝"，又是尝百草的中药神，故分别由台北市农会及米谷公会以及中药公会代表担任分祭，保安宫董监事陪祭，台北市相关部门也都到场观礼。祭典当日的下午，还会举办神农神像绕境仪式，神农像将在阵头、神将、保安宫力士会的护驾下，沿台北哈密街、迪化街二段等地绕行，祈祝合境平安，祈求百谷丰收。

2020年3月1日，两岸因肆虐全球的新冠肺炎，举行了一场"两岸同祈福，神农佑中华"的在线祭祀神农祀典。参与的台湾宫庙有新北中和福和宫、新北三重先啬宫、新北土城五谷先帝庙、新北瑞芳青云殿、台北北投慈生宫，大陆参与的则是湖南省炎陵县炎帝陵。泱泱古国，以农立国，民为邦本，神农自然成为两岸华人共同的文化信仰所在。

"庙"不可言

远古先民相信神农教会人们耕作种植百谷，教会人们辨识药草，所以特别感恩与怀念这位农业之神与医药之神，神农的地位在百姓心中特别崇高，祭祀的庙宇也是众多。

陕西、湖南、山西等三省均有炎帝之陵、庙。传说陕西省宝鸡市渭滨区神农乡，是炎帝神农的成长地；湖南省株洲市炎陵县，则传说是神农死后葬身之处；又传说山西省高平市，是炎帝在人间的居住生活之处。此三处，今日所见皆为新建。

陕西宝鸡市炎帝园

据文献记载，陕西省宝鸡县是炎帝故里，前引《帝王世纪》说神农"长于姜水"。这里所说的姜水，就在今陕西省宝鸡渭水之南，又称清姜水。明英宗天顺五年（1461年）所修《大明一统志》对姜氏城和姜水作了考证，《凤翔府·古迹》中记载："姜氏城：在宝鸡县南七里，城南有姜水。"而少典姜氏城是濒临姜水的古城堡，考古发掘和文物普查证明此城堡及其周围，遍布新石器时代晚期距今约6000年的仰韶文化遗址。《大明一统志》的记载证明了至迟在明代以前，这里一直存在着姜水和姜氏古城。百姓都相信陕西宝鸡县的姜水，就是传说中神农氏的成长之地。

在宝鸡市渭滨区神龙镇境内的常羊山之上，相传有唐代建立的神龙祠，祠南就是炎帝陵了。陕西省政府近年重修了神龙祠和炎帝陵，又在宝鸡市中心建了炎帝园，今时今日成了全球炎黄子孙寻根祭祖的主要场所，当地政府将每年清明节以及农历七月七日定为炎帝祭日。

说起宝鸡这个地方，它其实也有自己的一段精彩故事呢。据《搜神记》一书记载，秦穆公时（前659—前621年在位），陈仓（即今陕西宝鸡附近）人从地下挖到一个动物，似羊非羊，似猪非猪，还是活物，于是，当地人就牵着它要去进献给秦穆公。半路上遇见两个小童，小童说："这怪物名叫蝹，常在地下吸食死人脑浆子，想要杀死它，就得用柏树枝插它的脑袋！"蝹被揭露了身份，十分生气，对路上的人说道："你们杀我没用啊！这两个小孩可是大有用处！他们名叫陈宝，一雄一雌，抓到雄的能王天下，抓到雌的能称霸诸侯。陈仓百姓一听，就放过了蝹，去抓两个小童了。两个小童顿时化为一对锦鸡飞走了。秦穆公得知此事，派人抓捕锦鸡。雌鸡被抓到后就立刻化为一块石头，秦穆公将其放置在汧河、渭河之间，就在今天的宝鸡一带。此后还在这里建立了陈宝祠，依时祭祀神鸡。而没有被秦穆公抓到的那只雄锦鸡，据说是飞到了河南的南阳雉县（今南阳市南召县）一带。此后东汉光武帝刘秀起兵于南阳，再祀汉世宗庙，正是应了"得雌者霸，得雄者王"一语。陕西宝鸡的陈宝祠在2015年以前，还留有其故迹，可惜2015年底，不幸毁于一场火灾。

宝鸡是中国城市中唯一以动物名称命名的城市。禽类中的鸡，确实在古人心中有着特殊的品德与地位。汉代韩婴所作《韩诗外传》中说："鸡有五德：首戴冠者，文也；足缚距者，武也；敌在前敢斗者，勇也；得食相告，仁也；守夜不失时，信也。"正因为如此具有文、武、勇、仁、信五种美德，古人拜祭神明祭祀祖先，鸡向来都是重要的祭品。粤语中至今仍用"拜神唔见鸡"，来形容人做事没有诚意。华人语言文化之渊源有自，由此可见一斑。

古姜水是神农生长的地方。姜水流经宝鸡，宝鸡更拥有自己的神话故事。

湖南炎陵县炎帝殿

炎帝神农氏生长于姜水一带，而神农死后，传说是葬在了长沙茶乡，即今天的湖南省株洲市炎陵县，而炎帝陵就位于今炎陵县城西17千米处的鹿原陂。

西晋中成书的《帝王世纪》是这样记载的：神农"在位一百二十年而崩，葬长沙"。到了宋代罗泌所著的《路史》，明确指出"（炎帝）崩，葬长沙茶乡之尾，是曰茶陵，所谓天子墓者"。南宋王象之编著的地理总志《舆地纪胜》的记载则更为具体，说"炎帝墓在茶陵县南一百里康乐乡白鹿原"。当地故老相传，此处自宋太祖乾德五年（967年）建庙，迄今已有千余年历史。其间陵庙历经损毁，直到清雍正十一年（1733年），才由朝廷拨款，重新修建。此次修建，按照清代古帝王陵殿统一规制重建，陵庙也统称"陵殿"以正其名，此次重建也奠定了炎帝陵殿的基本形制，即"前三门—行礼亭—正殿—陵寝"的四进格局，这与我们在《伏羲篇》中讲到的河南淮阳太昊陵的形制大致相同。

可惜在1954年除夕之夜，当地香客祭祀焚香时，不慎引燃殿内彩旗，遂令炎帝陵正殿和行礼亭被焚。"文革"期间，陵寝及其附属建筑更遭重大破坏，除墓地外，全被夷为平地。1986年由湖南省酃县人民政府主持，陵殿修复工程启动，到1988年10月竣工。此次重修后的炎帝陵殿，规模较前稍有扩大，整个建筑占地近4000平方米。分为五进：第一进为午门，第二进为行礼亭，第三进为主殿，第四进为墓碑亭，第五进为墓冢，算是基本复原了清制帝王陵寝的规模。

山西高平市炎帝广场

山西省晋城市高平庄里村旧有炎帝陵，民间俗称"皇坟"，位于晋城高平市东北，现存正殿五间，建于元代。传说炎帝曾经在此地"羊头山"一带生活，更在此教晓百姓种植五谷并亲尝百草。

新建的炎帝陵建筑群依据当地的自然地貌布局，整个院落依中轴线由南向北拾级而上，依次布置有山门、功德殿、始祖殿、炎帝大殿四进三重院落。中轴线两侧分别布置有钟鼓亭、聚贤堂、百草殿、五谷殿、炎帝坟冢、农耕堂等。整个建筑群均为木结构，采用晋东南传统祭祀建筑的建造手法，并呈现宋代建筑和宋式彩绘风格，以彰显炎帝陵久远的历史风貌。

公元 2000 年，高平市为争取旅游资源，将羊头山下的圆地乡更名为"神农镇"，修建了炎帝文化广场，多次举办了炎帝祭祀典礼及炎帝文化论坛。2017 年 5 月，高平炎帝陵被国台办授予"海峡两岸交流基地"之称。同年 8 月，高平神农炎帝文化区更被确认为中国华侨国际文化交流基地。高平市政府以每年夏历四月初八日为炎帝生日，举办大型的祭祀活动和庙会。中国国民党前主席吴伯雄也参加了在当地举办的己亥年海峡两岸同胞神农炎帝故里民间拜祖典礼。

台湾祭祀神农的庙宇

在台湾地区，祭祀神农的庙宇众多。兹选取几座特色庙宇，尝试从历史渊源及其建筑特色方面，追溯中国传统文化在今日台湾的传承与发扬。

（一）清代奉旨建坛：宜兰县五谷庙

宜兰县神农里的五谷庙，旧称先农坛。

清雍正五年（1727年）六月，朝廷颁定《各省耕藉仪注》诏："坛位之规制，各省州县卫所，择东郊立为藉田。于藉田后建坛，坛后立庙，祀先农之神。每岁钦天监选定吉期，各省同日举行。"（参《清朝实录雍正朝实录》）嘉庆十七年（1812年），通判翟淦依诏，建先农坛于宜兰城南门外东郊，坛坐北向南，即今神农里中山路与旧城南路的交会口，近旧宜兰监狱一带。宜兰五谷庙，就是在此历史背景下设立的。先农坛、藉田、五谷庙先后建成，依时祭祀至今，体现的正是几千年来中国人重农敬祖的伦理精神。

清代宜兰先农坛的左方另有五谷神祠，凡是耕藉、迎春、常雩等祭拜仪式，均在此举行。另因五谷神祠主祀神农大帝，自创设以来即有米商及医药商成立神明会，如由中药商成立的振兴会、药商会，由米商成立的大有社、同丰会等。甲午战后，日本侵占台湾，二战期间台湾的居民被禁止在庙内举办中国传统文化的庆典活动，故先农坛五谷庙由庙外炉主举办，以此奋力维持传统华人的文化宗教信仰。

今时今日，每年的农历正月初一至十五，五谷庙方会以竹纸编制春牛一头，置于庙埕供信徒摸耳、头、尾等。至元宵夜，庙方抬竹编春牛游街，回至庙埕后由地方首长鞭打春牛三下，以示新年已过，牛也须下田工作了。之后便是烧春牛，其灰屑由信徒取回，撒在耕地田园上，以求五谷丰收。

两岸传统华人，对土地对耕牛的感情，千载不变。

（二）特色对场作：三重先啬宫

台湾新北市的先啬宫又名五谷先帝庙，位于新北市三重区五谷王北街，主祀神农大帝。"先啬"之"啬"字，即稼穑之"穑"字，先啬也就是"先农"之意，名称一如北京之先农坛。此庙初建于清乾隆二十年（1755年），迄今已有近三百年历史，为三重区最古老的庙宇之一。其间经道光三十年（1850年）和1935年两次重建，才形成了今日的建筑规模。此庙的主要建筑由前殿、正殿、龙虎门、东西护室等组成，在台湾是典型的二殿二廊二护室格局。唯今日之后殿，乃1982年新建，与传统庙宇建筑格局已不同。

先啬宫是目前全台湾现存庙宇中，最具代表性的"对场作"特色建筑之一。所谓"对场作"，又称"对场营造"，指的是在庙宇修建时，邀请两组工匠，同时进行建造工程。多数是以庙宇中轴线为轴心，将建筑分成东、西两边，称之为"左右对场"。一边一组工匠，同时施工，合力完成。呈现出的特色就是，整体建筑的左右两边，互相对应之元件，尺寸相似，但形状、样式、手法却各异。而且由于两组工匠的师承风格，匠作技巧各有千秋，且又暗中较量，于是增加了作品的可观性与艺术性。特别是竞争性的对场作建筑，更为精彩。而祭祀神农大帝的新北三重先啬宫，就是此种对场作的代表作。

1925 年先啬宫重修时，虎边即庙宇右边东侧，由当时代表中华传统建筑流派之福建潮州流派的陈应彬率队制作；与之对应的龙边，即庙宇左边西侧，乃由当时号称台湾本地派的吴海桐率队施工。今日信徒游客入庙之后，若细心观察左右两边的庙宇建筑，就会发现不少有趣的差别。如东侧虎边的螭虎窗有两只螭虎的虎尾相对；西侧龙边则是虎头相对。龙边栋架上狮座木雕为杏眼、昂首、侧腿、左挂彩球，球尾部还有三只小狮；虎边栋架上狮座姿态虽大致雷同，但是右挂彩球而露出尾端狮毛，并置人物二尊。总之无论是大木结构、细木凿花，还是交趾剪黏、石刻彩绘等，其建筑风格均呈现出不同的流派特色与艺术水平。此外，另外一座祭祀神农大帝的台北保安宫，同三重先啬宫一样，也是台湾庙宇对场作的经典代表。从欣赏庙宇建筑文化角度来看，两座庙无疑都是一部立体的中华传统建筑文化教科书。

三重的先啬宫、台北的保安宫，其对场作建筑特色与匠师风格，均体现出了中华传统庙宇建筑文化在台湾的继承与创新。

（三）建于明代的寺庙：台南柳营乡镇西宫

台湾柳营乡神农村有专门祭祀神农的镇西宫。据庙志记载，明朝万历十五年（1587年），福建泉州府平和县下寨乡渔夫陈、林、李、周、蔡、刘姓等家族移民入台湾，族人当时由福建泉州故乡神农庙开天宫，奉请开天炎帝圣像三尊者（即今大王公、二王公、三王公），经急水溪，至山子脚崁下登陆，在溪畔临时搭建草寮祭祀，为全台奉祀神农之始。

到了永历十五年（1661年）郑成功收复台湾，驱逐荷兰人后，汉人更是大量迁入垦荒。因神农教民稼穑，以医术济世，于是信徒日增，当地人勘择果毅后现址，由果毅后堡五庄（果毅、神农、重溪、旭山、大农等村）村民共同兴建庙宇，建成全台最早的神农庙。

到了清朝雍正十一年（1733年）此庙再度改建，光绪十二年（1886年）又扩建，迄今近400年历史。1961年，庙宇所在地的果毅后堡信徒，再次发起重建，1978年陆续完成左右三农阁、百草亭，并设会议室与凉亭、喷水池等附属建物，成现在之规模。

目前可在网络上寻见2018年台南镇西宫"炎帝圣诞平安绕境大典"的镜头，记录了台湾南部乡民花车绕境、热舞巡游的风俗。从中不难窥见传统庙宇文化，在台湾的与时俱进。

（四）漳派建筑风格：新北市福和宫

福和宫位于台湾新北市中和地区。中和是当初福建漳州移民最早开发的聚居地，今日枋寮街、庙美街、景新街与南山路一带的枋寮老街，就是中和最早发展的区域。清乾隆年间，此地随着永丰圳的兴建，开始有大量的稻田农田出现，此地人口也迅速增长。

乾隆三十一年（1766 年），主祀神农大帝的"五谷庙"始建在今天中和的中山路、庙美街口一带。至 1925 年，庙宇进行了一次大型的改建重修，修缮工程由当时漳派传人陈应彬及其子陈己元担任，所以庙宇整体风格，呈现了鲜明的福建漳派特色。工程完成后，遭遇日本殖民者在台湾推行皇民化运动，禁止华人庙宇祭祀，此庙更被更名为"福和禅寺"。1997 年，此庙再次重修，2004 年才开始正式启用，"福和宫"的名称遂沿用不改。但是庙中供奉的主神，依然是神农大帝。

（五）红脸神农像：苗栗五谷宫

苗栗竹南的五谷宫，供奉的神农像，是红脸的。

此庙来源，自古有两种说法：一说是清乾隆四年（1739 年），泉州人林耳顺率闽粤两籍先民三十余人在今新南里与番社订约开垦中港溪一带，从这一年起先民开始祭祀神农大帝。另一说是嘉庆二年（1797年），由本地业户张征扬、张三、王献等倡建庙宇，全称"竹南头份造桥五谷宫"。此庙同治十三年（1874年）重建，立有捐献碑。到了1987年，规划兴建了三层后殿，一楼供奉神农，二楼供奉观世音菩萨等，三楼为释迦牟尼像。而且当时为配合发展宗教特色建设，开始计划在后殿增建神农大帝巨像，面红色。此像落成后，果然成为当地庙宇建筑地标之一。

（六）黑脸神农像：高雄五谷宫

高雄五谷宫，供奉的是黑脸神农像。

据高雄耆老相传，此庙创建于清乾隆（1736—1695）末年，由祖籍广东省饶平县的陈姓族人从原乡奉请来台，原安奉在当地新垦部落"新庄仔"，但在道光初年荖浓溪水泛滥，冲毁村庄，才被迫迁移现址建宫奉祀。台湾光复后，经多位先贤努力，不仅鸠集众力完成旧庙重建，且迎回散落杉林乡寄存在辅天五谷宫的神农大帝与中坛元帅哪吒太子宝像安座。五谷庙更于1976年再次重新改建，也增添了神祇，改为"朝天五谷宫"，其中"五谷大帝"神农，是黑面、赤身的形象。

此庙特色在于，正门五谷宫的"宫"字位置，位于"五谷宫"三字中间，呈"五宫谷"状。据说主要是当时生活在高屏溪沿线客家族群聚落（日后称六堆），在清康熙年间因朱一贵事件，威胁到了聚落生存，故由地方人士组成义勇军抵御外来侵袭，为了互相支援而能辨识敌我，故先民将"宫"庙或祖先"堂号"等列置其中，方便友军可以透过宫庙、堂号等字迅速分辨敌我而互相支援。

庙宇，这个传统华人的民间信仰中心，同时又有着多元的政治经济军事色彩。

黄帝

·

皇天上帝 神人一体

甲 神话传说

黄帝是继炎帝神农之后，同时统治天上与人间的大神。

传说黄帝的母亲在郊野中看到雷电在天空中划过，并缠绕住了北斗枢星，她的身体也似乎被雷电击中，于是就感应怀孕了，且怀胎二十四个月才生下黄帝。黄帝出生的时候，天空中出现了五色祥云，想来也是因为黄帝的母亲是感应天文而生下黄帝的缘故吧。就在 2020 年 5 月 7 日，中国河南省郑州市文物考古研究院公布了双槐树河洛古国都邑遗址的重大考古成果。确认这是一处距今 5300 年左右的仰韶文化中晚期巨型聚落遗址。宏大的建筑规模、特殊的建筑格局，特别是用陶罐模拟的北斗九星天文遗迹等，让考古学家不排除这里就是黄帝时代的都邑所在。

传说黄帝的外貌十分奇特：他长着四张面孔，可以同时看清四方八面发生的事情，方便他统治神界与人民。黄帝平时优游神界，闲时才管理凡间。与此前神话人物不同的是，传说中黄帝在人间有了固定的居住宫殿和临朝场所，即昆仑山。此山仿佛就是黄帝在下方人间的帝都了，故《山海经·海内西经》

中说："海内昆仑之墟，在西北，帝之下都。"传说中的昆仑山，一层一层的山重叠起来好像城阙，共有九重，即"九重天"。从山脚到山顶，传说有一万一千里又一百一十四步二尺六寸，它的最高山峰，可直达天廷。在它的下面，环绕着深深的弱水，它的外围更是充满炎火的群山，除了天神，普通凡人似乎是无法到达昆仑山的。

据说昆仑山上的宫殿也是极其雄伟：东南西北四周围绕着玉石栏杆，每一面各有九扇大门、九口井。宫殿的正门对着东方，叫开明门。进入门内，就是巍峨的帝宫，由五座城十二座楼宇组合而成。最高的地方生长着一株长四丈、大五围的稻。它的西面有珊瑚树、玉树、璇树，还有凤凰和鸾鸟。它的北面有碧树、瑶树、文玉树、不死树等各种奇木，传说吃了不死树的果实，就可以长生不死。这棵大稻的东边有沙棠树和琅玕树，琅玕树上长有珍珠般的美玉，极其宝贵，是凤凰和鸾鸟的食物。黄帝特别派了一个叫离朱的神，去守护琅玕。在这棵大稻的南边有绛树、狮鸟、蝮蛇等，还有一种非常奇特的生物——视肉。这视肉没有四肢百骸，只有一堆肉，形状有点像牛肝，却长了一堆小小的眼睛。传说它的肉吃不完，吃了一块，就又长出一块，可以随时恢复原状。宫殿内还有帮助黄帝管理宫殿内衣服之类的神物，传说是一些美丽的红色凤凰。总之各种神奇的植物和动物都住在这里。黄帝派来守护这九重天雄伟宫殿的神，叫开明兽（又称"陆吾"）。它有老虎般的身子和足爪，有一条色彩斑斓的长尾巴，它还长着九颗头，每颗头均是人面。

除了这昆仑山上的宫殿，黄帝在人间还另外有一处休憩用的园林，名"悬圃"，又叫"平圃"或"元圃"。传说从昆仑山宫殿出发向东北方，大约四百里的距离便是其所在了。或许因为它的位置很高，好像悬挂在半天云里，所以叫它作悬圃。从悬圃看四方，风景真是壮观极了。从这里向南方望，可以看到昆仑山笼罩在一片闪耀的光辉里；向西方望，那里有一个大湖泊叫"稷泽"，银白色的水光连天，四周生长着郁郁葱葱的大树，据说是周民族的始祖后稷的神灵所在；向北方望，是雄伟的高山，山头上有勇猛的鹰和其他猫头鹰之类的猛禽栖息；向东方望，就是巍峨的恒山，高四重，还有不同的鬼类居住。在悬圃的下面，还有一股纤尘不染、清冷透骨的泉水——瑶水，这瑶水能一直通到昆仑山附近的瑶池去。黄帝派来管理这座花园的神叫"英招"，他长着马的身体、人的脸，背上还长着一对翅膀，通身是老虎斑纹，经常飞行在空中，周游四海，且时时发出大声的警示鸣叫。

黄帝在人间的第三座秘密行宫，据说在"青要之山"，传说这山就在今天河南新安县境内。这山的附近有一种鸟，青色的身体，浅红色的眼睛，红色的尾巴，形状像野鸭，女人吃了它可如愿得子。又有一种草，方杆，开黄花，结红色的果实，女人吃了这果子可以有助美颜。由此推想，这里似乎是一座适合女子居住的所在。而守护这里的果真也是一个名叫"武罗"的女山神。她是人的脸，身上是豹子的花纹，细细的腰肢，白白的牙齿，耳朵上穿着金环，鸣叫的声音嘤嘤如佩玉。屈原《九歌·山鬼》里说有一个女子在那深山里，披着薜荔的衣裳，系着菟丝的带子。她的秋波含情，而又嫣然浅笑，她的性情慈和，且姿容又那么苗条。她驾着赤豹，文狸在后面追随，她把辛夷做车乘，用桂芝做旌旗。车上罩着石兰，杜衡的流苏下垂，她折取香花打算送给她所思念的人。有学者以为，屈原描述的山鬼就是负责守护黄帝这座秘密行宫的武罗神。

汉代成书的《淮南子·天文训》中说，在黄帝统治人间的时代，东南西北中，一共有五位大神。黄帝居住在天廷的中央，是中央的天帝，是最高的统治者，辅佐他的是后土神。东方的天帝是太皞，即伏羲，辅佐伏羲的是句芒神，同时掌管春天；南方的天帝是炎帝，即神农，辅佐他的是朱明神，同时掌管夏天；西方的天帝是少昊，即帝俊，辅佐他的是蓐收神，同时掌管秋天；北方的天帝是颛顼，辅佐他的是玄冥神，同时掌管冬天。这东西南北中的五行学说，无疑就是汉代人对伏羲、神农、颛顼、少昊等神话传说的一种解释和信仰。

传说黄帝在中央做天帝的时候，发生了一件大事，那就是他与蚩尤之间的战争。有学者研究认为，黄帝与蚩尤部族之间的战争或许确实存在，因为传说中对战争过程的描述实在是太详细太逼真了，故事内容，更是包含了诸多中华文明史上器物的起源。传说蚩尤是炎帝的后裔，前文已讲到炎帝神农长了人身牛头，所以传说中的蚩尤，也像其祖先一样，是人身牛蹄，还有四目六手。他的 81 个兄弟，或说 72 个兄弟，每一个都是兽身人语，铜头铁额。他们吃的食物也是今天看来奇怪的沙子、石头、铁块等。蚩尤还会制造各种兵器，尤其是上古车战的主要兵器，如锋利的矛、坚利的戟、巨大的斧头、坚固的盾牌、轻巧的弓箭等，传说都是蚩尤发明的。蚩尤又说服了当时最勇敢善战的苗族人民（即我们在《盘古篇》中讲到的五色神犬之后裔），加入了他的军队，甚至还招来了各路鬼怪与神仙。黄帝的军队，除了四方鬼神以外，也有罴、熊、貔貅、虎等种种野兽，想来也有不少来帮他打仗的人间的民族。

相传，黄帝和蚩尤的军队曾经在涿鹿（今河北省涿鹿县）相遇，战争一开始黄帝先吃了几个败仗，暂时处于下风。一场战役中，蚩尤造起了漫天漫野的白色大雾，像一副巨大无比的白色布幔，黄帝和他的军队被团团围住，分不出东南西北，无法突围。后来，黄帝手下一个叫风后的神，就想到北斗七星的斗柄能倚着时序的不同而变换它所指的方向，假如可以发明一种东西，不管怎样东转西转，总能指着一定的方向，一方能定下来了，那么其余三方也就能定出来了。这样的话问题岂不是就解决了吗？于是他在战场上运用他鬼斧神工的本领，很快替黄帝做了一辆"指南车"。这个车子的前面，有一个铜制的小仙人，他伸出手臂，无论车子驶向何方，小铜人永远指向南方。靠了这辆车子的引导，黄帝率领他的军队冲出了大雾的包围。风后发明指南车，不知是否确实与传说中黄帝感应北斗七星而出世有关，但是这个传说至少告诉我们，上古的先民很早已经观察到太阳和星辰的运行规律了。2020 年河南双槐树洛河古国都邑遗址出土的北斗九星模型，似也间接证实了这一点。

蛋尤除了可以施放大雾，在他率领的军队里，还有魑魅魍魉等各种妖怪。这些妖怪都有一种发出怪声来迷惑人的本事，别人一听到这种声音，就会迷迷糊糊，失掉知觉和判断力，向着怪声发出的方向走去，结果做了妖魔鬼神的贡品。传说中的魑魅，有人的脸、野兽的身子，四只脚；魍魉，却像个三岁小娃娃，通身黑里透红，长耳朵，红眼睛，有乌黑发亮的长头发，喜欢学人说话，用声音迷惑人。后来黄帝想到对付声音的最厉害的武器就是声音本身，他打听出魑魅魍魉最怕的就是龙吟的声音，于是黄帝就叫兵士从牛羊角做的号角中吹出低沉的龙吟一般的声音，才把这些魑魅魍魉打败。2018年美国好莱坞有一部电影《寂静之地》（*A Quiet Place*），讲述一群不知名外星生物占领地球，透过异常灵敏的声音捕杀人类，而人类最终打败这些外星生物的方法与武器，就是高分贝声音。看来，中国古人的神话传说与今人的科幻想象，均渊源有自。虽在意料之外，确也合情合理。

传说黄帝与蚩尤大战了九场，都无法分出胜负。黄帝正在一筹莫展的时候，有一人头鸟身的妇人，自称是九天玄女，来见黄帝并传授其兵法，教会了黄帝如何排兵布阵，如何出其不意等。今日道教典籍中有《黄帝阴符经》，相传就是起源于此（关于《阴符经》最新研究，可参看北京大学哲学系教授王宗昱先生所著《阴符经集成》）。传说中黄帝同时又得到昆吾山的赤铜来打造宝剑。这剑造好之后，呈青色，寒光四射，如水晶般透明，可切金断玉。黄帝一下子得到了兵法和厉害武器，终于打败了蚩尤的军队，活捉并杀死了蚩尤。近代出土的汉代画像砖中，多有汉代流行的"角抵戏"之图画。图中人物三三两两，头戴牛角，互相触抵，有人称其为"蚩尤戏"，想来就是模仿蚩尤在战场上打仗的情景了。

蚩尤被黄帝杀死之后，头和身体被分别埋葬，传说在今天山东省寿张县埋葬的是蚩尤的头。那个地方的人民，自古以来，每年的十月祭祀蚩尤。据说每到祭祀，往往有一道红色的雾气会从蚩尤墓顶冲出，直达云霄，看起来好像悬挂空中的一面旌旗，人们就叫它"蚩尤旗"，直到秦汉之际，祭祀蚩尤的传统都存在。如汉高祖刘邦自立为沛公，起兵反秦，做的第一件事就是"祀黄帝祭蚩尤于沛廷"。颜师古注《汉书》引应劭《风俗通》曰："黄帝战于阪泉以定天下，蚩尤亦古天子，好五兵，故祀祭之，求福祥也。"可见，黄帝与蚩尤的战争，文献记载与历史传说是相符的。汉高祖刘邦在建立汉朝后，继续保留了祭祀蚩尤的典礼，更于长安立蚩尤祠，由中央派官员统一祭祀，以示崇敬。到了汉宣帝（前73—前49）时，不仅在长安祭祀，还同时祭祀蚩尤于寿良（即前文寿张，因避光武帝字而改）。

黄帝作为天神与人间帝王，统治天上人间，他的子孙，也是数目众多。其中有些是天上的神，如偷取了天上的息壤，得以在人间治水的鲧；又如"绝地天通"，教晓人间虔诚祭祀的颛顼等。而更多的则是在人间繁衍生息的部族，如《史记·五帝本纪》中说华夏、犬戎、北狄、苗蛮等，皆是黄帝后裔。又说黄帝的正妃是嫘祖（嫘祖即蚕神、先蚕），据《大戴礼记》中的《五帝德》《帝系》两篇所言，嫘祖为黄帝生下两个儿子，长子叫玄嚣，次子叫昌意。黄帝的长子玄嚣生少皞，后世人间帝王唐尧、商人之祖先契、周人之祖先弃，皆是玄嚣少昊之后裔。黄帝的次子昌意则生颛顼，颛顼后来更继承了黄帝中央天帝之位，后世的人间帝王如虞舜、夏人之祖先禹，则皆是昌意颛顼之后裔。据此，所谓的上古三代帝王世系，皆出自黄帝这位大神。

综上所述可见，黄帝既是"自然神话说"中的天神，又是"社会神话说"中的始祖神，实在是地位崇高。

乙
文史典故

黄帝与炎黄子孙

炎帝神农氏、黄帝轩辕氏，其后裔共同构成了华夏民族的主体。

《国语》中说："少典娶有蟜氏之女，生黄帝、炎帝。"古人相信炎帝神农氏、黄帝轩辕氏，均出自少典氏族。汉唐以来已经意识到，这"少典"当是诸侯国号而非人名。故刘宋时期的裴骃撰《史记集解》引谯周《古史考》说："有熊国君，少典之子。"这少典之子，有熊国君统治的疆域，大概就是今天的河南省新郑为中心的一带。唐代张守节的《史记索隐》中更明确说："黄帝生于寿丘，长于姬水，因此为姓。"相传黄帝的出生地寿丘，即今山东兖州曲阜一带，黄帝又以成长之地姬水为姓。

我们在本书《神农篇》中已经讲到，炎帝的后裔中有姜姓、厉姓、赖姓等，黄帝的后裔更是种姓繁茂，《史记·五帝本纪》说"黄帝二十五子，其得姓者十四人"，《国语》也记载说黄帝后裔一共有十四人得姓，姓有十二。这些姓，我们今日依然常见的有姬姓、祁姓、腾姓、任姓、荀姓等。

著名考古学家苏秉琦先生就根据考古学发现指出：《史记》中的"五帝时代"（以黄帝传说为开始五帝时代，大约在距今5000年前）是中华民族多支祖先组合与重组的一个重要阶段。且人类学家很早就指出，中华民族是由远古的华夏集团、东夷集团和苗蛮集团这三大部落集团组成。华夏集团主要的生活区域就是黄河中游的中原地区，与之对应的考古学证据应该就是距今7000—5000年前的仰韶文化，而且苏秉琦先生更依据出土陶器上的花纹，考证出代表仰韶文化的"华"——玫瑰花图案——的起源与象征（参苏秉琦《中国文明起源新探》）。比如传说是黄帝后裔之一的少昊氏，就属于东夷集团，其生活区域应当主要在今天山东半岛沿海境内，《史记·鲁周公世家》说"封周公旦于少昊之墟曲阜"。这少昊之墟，曲阜，也就是黄帝的出生地，自古就是古东夷之地。与之对应的考古学证据就是距今6500—4500年前的大汶口文化。

随着近年学术研究的展开与深入，我们越发认识到，中华民族的组成，应当不仅只有以上三个氏族部落，比如还有我们在伏羲神话中讲到的古巴人古巴国。又如我们在前文讲到的，以燕山南北长城地带为重心的北方，有距今约6000年前的红山文化遗址被陆续发现。这里出土了玉雕龙、龙鳞纹图案的陶器、祭坛、半身孕妇像、女神面具等。学者更因此提出这样一个观点：以玫瑰花图案为主要特征的仰韶文化，与以龙图腾为主要特征的红山文化，北南相遇而融合。华夏民族之组成，正是南北融合之结果。

炎黄子孙之种族起源，姓氏渊源，往往可凭借神话故事、古籍文献和出土的考古实物，相互印证，数典而得。

黄帝与天文历法

《大戴礼记·五帝德》篇中记载"（黄帝）历离日月星辰"。清儒王聘珍《大戴礼记解诂》解释"离"，为"别其位次"的意思。换而言之，是说黄帝洞悉日月星辰之位置与运动，发明了天文历法。

中国古人的天文历法，确实就是研究太阳、月亮、五大行星（金木水火土）这七个天体的运行规律，即"历离日月星辰"。司马迁《史记·五帝本纪》中更进一步说黄帝是得到了宝鼎神策即神蓍，于是才得以推算历数，逆知五星之运行。随后太史公又在《律历志》中补充说：黄帝令臣下羲和观察太阳的运行；令常仪观察月亮的运行；令鬼区观测星宿；令伶伦"布管吹灰"定天地之节气；令大桡创作了六十甲子（即天干地支）进位法；令隶首创造了算数之法则；而最后由一名叫容成的大臣，综合此六术，而创制了中国的历法。值得注意的是，我们今日使用的历，习惯上称为"历书"。历书与黄帝所发明、人间帝王所注重的天文历法有所不同。历书最重要的内容是指引人间的作息，尤其是四时节气与农业的关系。

华人世界现在通行的夏历，确实也包含了以上六种内容。夏历同时考虑到太阳及月球运动，兼顾了年和月之准确周期，是为阴阳合历。又因中国以农立国，农民常依此历法进行农事，故又称其为"农民历"。然而我们也必须清楚意识到，黄帝当初发明历法，初始并不是为了不误农时。相反，天文历法的发明，最早是为了神与人皆可依历法而行大事，特别是祭祀。通过遵守历法，神向人间降以美好的祝福，民间则按照历法依时而活，并接受神的降福。所以早就有学者研究指出，《尚书·尧典》所说"历象日月星辰，敬授人时"的"人时"就是指古代人间大事，即是宗教祭祀和政治活动如军事等，而绝不是单纯的农事耕作。

中国古代历法以干支纪日。据文献记载，商代已经用天干地支来纪日和祈福了。甲骨文中许多用来祭祀祈福的记录，尤其是其中的干支记录，明确说明了帝王祭祀与天文历法的关系。十天干（甲乙丙丁戊己庚辛壬癸）和十二地支（子丑寅卯辰巳午未申酉戌亥）的组合，同时也是中国人用来记录年月日时的数字与方法。而且，出土的甲骨文还告诉我们，商代的王族被分为十组，就是以十个天干名称来交互命名的。他们不仅以此作为祭祀与政治的单位，还以此为依据，对外联婚。所以天干地支，与祭祀用的礼器玉器一样，充满了原始宗教色彩，更反映出天文历法与神明祭祀之重要关系。

至于中国古代历法中的纪月，乃是观测月相的变化，严格按照"朔初一望十五"的月周期确定月份（即定朔）。12个月的长度在354日左右，这是历书中之阴历部分。古人又在观测太阳运行与黄道的关系时，观察出回归年之周期在365.25日左右，且根据太阳运动之高度角变化周期，影响地表气候环境之不同，定出了二十四节气，这就是历书中之阳历部分了。当阳历部分与阴历部分结合时，又衡量考虑到阴历十二个月与太阳回归年每年约有11日之差，为了使彼此长度能够更加接近，自春秋时代起即有"十九年七闰月法"；又排定了闰月规则，力求平衡调和中气在相应的固定月份。如此既达到年合四季、月合圆缺（即新月固定于初一），又做到农历新年固定于冬春之交，阴阳相偕，周而复始。

我们也知道，中国古代历法中最重纪春、夏、秋、冬四时以及二十四节气。甲骨文中已经有"今春""今秋""日至"等记载，说明商代以前或许就有了季节的划分。及至春秋时代，则已经会划分冬至、夏至、春分、秋分、立春、立夏、立秋、立冬这八个节气（即本书《导言》中所讲分、至、启、闭），更能准确地推算出冬至的日期。有关二十四节气推定之法，会在《颛顼篇》中详述，此处不赘。

《汉书·艺文志·数术略·历谱》记载："黄帝五家历，三十三卷，今亡。"这所亡的三十三卷历法历书，应当就是《史记·律历志》中所说的黄帝、颛顼、夏、殷，周五家历。汉武帝太初元年（前104年），朝廷正式改正朔，颁行《太初历》，以夏历的正月，即一月为岁首，也第一次把二十四节气收入历法。古人相信"夏数得天"（参《导言》及《颛顼篇》），自汉迄唐，又逐渐将二十四节气与七十二物候完整起来，以利农业耕作与民间生活，故二十四节气得以在民间越发普及。及至今日，二十四节气已经成为华人社会重要的文化传统与节日习俗依据。

古人所谓"敬记天时，以行人事"，其意首先是要求人间依照历法，祭祀诸神与祖先，其次才是按照历法历书依时生活。转而言之，是帝王先"敬记天时"而民间再"谨行人事"。如此这般，神人分治，才会神有福德而民有凭信，灾祸不生而需求不匮。历法历书之重要性，也正在于此。

黄帝与中国文字

中国文字的出现，是中华文明与传统文化得以历代相传的重要载体。

传说中国的文字，是由黄帝手下的一个臣子仓颉发明的。古人相信，仓颉曾担任过黄帝的史官，故又被称为"史皇氏"。仓颉在居官期间觉得，伏羲发明八卦之后，历时弥久，简单的结绳记事已经难以满足人间的需求。和黄帝商量之后，仓颉就开始创造"文字"了。上古先民因为难以理解抽象文字被创造出来的原因，所以相信仓颉或是受了动物足印的启发，或是受到大自然日月星辰山川景物的启发而造字。总之，仓颉就是凭着自己的想象神力，把最原始的文字都创造出来了。东汉许慎的《说文解字》是中国第一部字典，其书《序》中写道："黄帝之史仓颉，见鸟兽蹄迒之迹，知分理之可相别异也，初造书契。"可见此说其来有自。

早在秦代，丞相李斯就以"仓颉篇"命名他的文字专书，这犹如秦始皇以"颛顼历"命名秦代颁行民间的历书一样，皆当有所凭信。因为早期中国的汉字，多是象形文字，在蒙昧的上古先民看来，文字确是一种充满神秘色彩的图案，人们相信其内部所象之形，本身就含有神奇力量。如前文讲到的"风""姒""巳""也"无不象蛇形，与伏羲女娲神话有关。而"申""神"等字本身就象征雷电在天空中经过的形状，充满神奇力量。"巫"字更是象征了规与矩这两样神秘工具的使用。帝王、巫这类可以直接和神沟通的中介，又把从天上与先人那里得来的知识与经验，用文字系统地记录下来，传给人间的执政者与后代子孙，所以文字无疑是一个极其重要的载体。这些记录历代累积，也就慢慢成了典籍文献。

在文字出现以前，人类原始的记事方法有三：口耳相传，如远古神话故事；图画记事，如传说中的河图洛书；实物记事，如结绳与八卦。这三者的演进，其实也正是文字演变的轨迹。上古人类相信地表凡人是无法学习使用文字的，所以传说仓颉造字后，"天雨粟，鬼夜哭"，整个神界都为之震动。这是因为文字能够开化地上人类的智力，智力一开，文化文明才可得以发展。所谓"天雨粟"，传说是上天预感到人类有了文字，开启了智力，就将不会再受到神的直接赐予而"灾祸不生，所求不匮"，所以事先为人类降下食物。至于所谓"鬼夜哭"，似乎当是说鬼怪因预见世界将发生动荡而感觉恐惧不安。这些传说，虽然无稽无考，但是无疑都体现了上古先民对天时、对人事、对天人关系的深刻省思。

人类有了文字，就可以用文字记录事实；有了历法知识，不仅可以依时祭祀天地鬼神，还可以使得那些用文字记录的事实有了明确的时间概念。而有了明确时间概念的文字记载，也就真正具有了严格意义上的历史典籍价值。中国悠久的文明与文化，正是因为文字的发明和使用，才得以历代传承。

丙
四时人间

黄帝与二十四节气

与黄帝神话相关的节气，有冬至、小满；相关的节日是七夕。

（一）冬至

"冬大过年"

中国传统二十四节气神中，代表冬至的神，应该就是黄帝。

冬至这一天，太阳运行达到黄经270°，西历则多落在12月21或22日。古人以为"是日日南至。至者，极也"。即此时太阳行转至南回归线，地处北半球的中国"夜最长，天最黑"。然而否极泰来，此日过后，阴气渐退，日影渐长，阳气渐起，正是光明希望的开始。古人还将冬至，视作二十四节气的起点。中国历书中常见的二十四节气名称，最早见于《淮南子》卷三《天文训》篇，节气名称与顺序，就是从冬至日开始推算的。此后自北魏至唐代，二十四节气遂成为历书中最主要的内容之一。

《左传·僖公五年》（前655年）："春，王，正月，辛亥朔，日南至。"春秋时期鲁国行周正，周之正月即夏历之十一月，正是冬至所在之月。这则史料是中国历史上观测冬至日的最早文献记录。此后中国古代非常著名的一次改历，发生在西汉武帝太初元年（前104年）。汉武帝这次改历，也是以冬至日为节点，该年"十一月甲子，朔旦夜半冬至"。年、月、日、时的起算点在这一时刻恰好是共同的：首先该年以十一月为正月为岁首，其次甲子为六十干支的起点，再次朔旦则为朔望月的起点，最后冬至则为二十四节气的起点！这五个中国天文历法中重要的节点，都恰巧相会在一起。杜预注中说："朔旦冬至，历数之所始，治历者因此可以明其术数，审别阴阳，叙事训民。"司马迁更是在《太史公自序》中说："天历始改，建于明堂，诸神受纪。"说明历法的最重要功能，是为人间帝王祭祀服务，神在天上从此享受人间的祭享。

南梁沈约所著《宋书·律历志》载："天子常以冬夏至御前殿，合八能之士，陈八音，听乐均，度晷景，候钟律，权土炭，效阴阳。""布管吹灰"，是指古人将芦苇里的薄膜烧成灰，塞进律管，放到密室中。时令到某月，与该月相应的律管，就会灰飞而管通。此段文字讲的是音律与节令之间的相应关系。唐代，帝王初即位，会选择在冬至这一天改年号，以示继承天命大统之义。如唐懿宗改元咸通（860—874），《资治通鉴》记载："十一月丁丑，上祀圜丘。赦。改元。"唐僖宗即位，"十一月庚寅，日南至，群臣上尊号"，改元乾符（874—879）。明清两代的帝王也会在冬至日亲至天坛祭天，以示对大自然、对天的尊崇。

2020年5月，中国河南巩义附近成功发掘出的河洛古国遗址，相关的考古学家认为，历史断代应该是传说中三皇五帝的黄帝时代。在这座遗址中，出土了一具完整的麋鹿骨骼，这不禁让我们联想到《淮南子·天文训》中所说的"日冬至，麋角解"。想来古人很早就观察到了麋鹿这一特殊习性，当大部分鹿类均是在夏天解角的时候，只有麋鹿在冬至日开始解角。5000多年前麋鹿的骨骼，似乎也佐证了古人对于天文历法、节气物候的认识。黄帝发明历法，人间重视冬至，绝非凭空想象。

粤语中有"冬大过年"之说，又有"做冬"一语。"冬"即是指冬至，"大"则有较重要之意，"做冬"即是祭祀，过冬至。因为冬至为二十四节气之首，地位重要，所以也特别将冬至日称为"冬节"。"冬大过年"意味着冬至日比农历新年除夕日还要重要。

香港华人社会的"冬大过年"与"做冬"，正是民间如何传承文化的例证。

冬至祭天

民间做冬，帝王则在冬至日举行祭天大典。

《史记·封禅书》引《周官》曰："冬至日，祀天于南郊，迎长日之至。"冬至日南郊祀圜丘祭天，乃上古三代之制，表达的是古人对天与地的尊重以及对人间福祉的祈望。降至明清两代，建都北京，皇帝祭天的场所，是在京城南郊的天坛。天坛在正阳门南、永定门之东，在南北中轴线的南部。其地理位置与建筑风格，体现的正是古人"天圆地方""天南地北"之天人思想。与本书《神农篇》所述社稷坛、先农坛一样，天坛也是迄今有幸保留下来的少数皇家古建筑。

天坛的建筑群组包括圜丘坛、祈年殿、回音壁等，今合称为天坛公园。圜丘坛用来祭天。圜丘坛形圆以象征天，所以也直接称其作天坛。天坛于明朝永乐十八年（1420年）初建，清朝乾隆十四年（1749年）曾经改建。清代自康乾两朝以来，皇家极其重视祭天之礼，多亲身致祭。祭天的仪式，行三代以来帝王之礼，圜丘坛的建筑正是体现了帝王九五之尊的特色。坛的平面呈圆形，共分三层，皆设汉白玉栏板。坛面原来使用蓝琉璃砖，乾隆十四年重建后，改用坚硬耐久的艾叶青石铺设。每层的栏杆头上都刻有云龙纹，在每一栏杆下又向外伸出一石螭头，用于坛面排水。顶层中心的圆形石板叫太阳石或者天心石，站在其上呼喊或敲击，声波会被近旁的栏板反射，形成显著的回音。

中国古代历算中，单数称作阳数，双数称为阴数。在阳数中，数字9是"阳数之极"，表示天体的至高至大，又被称为"天数"。所以用来祭天的圜丘坛，无论栏板间的望柱还是台阶或者坛面石块等，其数处处是9或者9的倍数。如顶层圆形石板的外层是扇面形石块，共有9层。最内一层有9块石块，而每往外一层就递增9块，中下层亦是如此。三层栏板的数量分别是72块、108块和180块，相加正好360块。而圜丘三层坛面的直径，最上一层直径是九丈，名为"一九"；第二层直径十五丈，名为"三五"；下面一层直径二十一丈，名为"三七"，这样便把一、三、五、七、九等五个"阳数"全部用了进去。

三层坛面的直径总和为四十五丈，除了是九的倍数外，还暗含乾卦之中"九五之尊"的寓意。

祈年殿则为帝王为天下祈求年丰、人畜兴旺之用。位于建筑群的北部，原名大祈殿、大享殿，也是天坛公园内最早的建筑物。清乾隆十六年（1751 年）重新修缮后，改名为祈年殿。光绪年间，又进行了重修。目前所见的祈年殿是一座直径 32.72 米的圆形建筑，鎏金宝顶蓝瓦三重檐攒尖顶，层层收进，总高 38 米。内部结构更独特，不用大梁和长檩，仅用沉香木和枋桷相互衔接支撑屋顶。值得留意的是，祈年殿的建筑特色，还反映出了古人对天上日月星辰的运行与人间四时的理解。殿中央 4 根龙柱各高 19.2 米，径 1.2 米，象征四季，中圈 12 根金柱象征一年 12 个月，外层 12 根巨柱象征一天 12 个时辰，中层和外层相加象征二十四节气，三层柱总共 28 根象征二十八星宿。殿内地板的正中是一块圆形大理石，带有天然的龙凤花纹，与殿顶的蟠龙藻井和四周彩绘金描的龙凤和玺图案相互呼应，使整座殿堂显得富丽堂皇。

读者如去北京旅游，天坛公园的圜丘坛、祈年殿等建筑值得用心赏览，体会古人如何将天南地北、天圆地方、日月星辰、四时节气等天文地理概念，与现实生活相融合，领略一番古人所讲究的天人合一、道法自然的美。

冬至食与行

我们在《盘古篇》中，讲过了混沌与饺子的文化意义，理解了古人如何以食物来表达对混沌初开和天地阴阳的理解。而到了冬至日这一天，因为正是"阴气极，阳气萌""阴阳消长"之时，故此时节的应时食品，北方依然是饺子，南方则是汤圆。二者也同样象征了阴阳消长，混沌初开。

旧时百姓家中的水饺、汤圆，均为亲手制作，不假外卖。清光绪年间曾在台湾淡水、新竹一带生活过的诗人林维丞，有《冬至搓丸词》一首，描述此日搓汤圆的情景，诗中描述："纤手轻搓五夜灯，团圆冬节到今称。小姑笑问新来嫂，昨夜宜男卜未曾。"原来，在冬至前夜，搓煮汤圆的同时，还可以顺势占卜未来怀胎小儿的性别。以冬至日顺应阴阳消长这一自然规律来看，此时太阳刚好直射在南回归线（又称为冬至线）上，因此使得北半球的白天最短而黑夜最长。冬至过后，太阳又慢慢地向北回归线移动，北半球的白昼又慢慢加长，而夜晚渐渐缩短，古人对于这种自然现象的变化规律有着深刻的认识，故此有"冬至一阳生"的说法。其义当是说从冬至开始，阳气就要回升了。而阳气初生，不也正是求子的最好时节吗？古人阴阳协调，上应天时以求人世的伦理智慧，于此可见。

在古时南方，冬至日除了吃汤圆，还吃生鱼。俗语有"冬至鱼生夏至狗"之说，因为民间相信到了冬至这天，阴气至极，适宜吃生的鱼肉。至于夏至日，阳气最旺，最好吃狗肉。冬至吃鱼生这一习俗，确实在古人的诗词中有记载。明末屈大钧《过定思族翁斫鲙作》一诗中就说："鲙成双蝶食如流，冬至鱼生绝胜秋。明岁方塘思佃取，养鱼经向范公求。"至于为何要在冬至至阴之日生吃鱼肉呢？屈大钧自己说："谚曰：'鱼生犬肉糜，扶旺不扶衰。'所以者，凡有鳞之鱼，喜游水上，阳类也。冬至一阳生，生食之所以助阳也。"讲的就是古人依时而活，阴阳互补的生活哲理。以古求今，我们现在对待广西夏至日吃狗肉之习俗，似乎也就不必再少见多怪了。在古人眼中，冬至日鱼生食得，则夏至日犬肉亦食得（这里的犬肉是指专门用来肉食的狗）。礼失求诸野，广东、广西二省之食材食法，颇有中国传统文化之遗意呢。

除了冬至日吃食特别，古人也特别关注冬至日当天的气候状况，并以此来预测来年晴暖。农谚有云："冬至暖洋洋，立春冻死牛。"古人对于冬至日冷暖，特别留意。这背后，其实也体现了古人悲天悯人之人文情怀。明代张弼《丙午冬至》诗云："今年冬至暖于春，细雨空阶草色新。应是苍天怜赤子，无衣无褐未为贫。"如果冬天如春天一般温暖了，贫穷的百姓也就不用为没有冬衣而受冻愁苦了。另外一则广东农谚则说："冬在月头，卖被添牛；冬在月尾，卖牛添被。"意思是冬至日公历落在12月21日或22日，如果此日相应落在夏历之月初，则此年冬天不会太冷，清苦百姓甚至可以把被子当卖来买耕牛；但是如果冬至日相应落在夏历之月尾，则当年冬天就会很冷，百姓恐怕要把耕牛卖掉来买被子取暖求生了。这是古人对于冬至当日气温，以及对时令物候的长期观察的结果。

中国古代社会，以农立国，传统农耕家庭，对于帮助人类犁田种地的耕牛更是特别爱惜。人与天时物候、牛与天时物候之关系，也是尤被重视。《汉书·丙吉传》中有这样一段故事，说汉宣帝时（前73—前49年在位）丙吉为丞相，春日出巡，道路中有百姓殴斗至横尸街头者，丙吉过而不问，继续前行。遂又遇赶牛行路者，牛喘吐舌。吉则止驾驻问："逐牛行几里矣？"这令丙吉的随从员吏感到非常奇怪，事后就询问丙吉问牛不问人的原因。丙吉回说：民众相斗，属地方官吏管辖范围，自己身为丞相三公，职责在于典调阴阳，协理国家。而此时春初少阳，却牛行至喘，表示时气失节，恐有伤国体民生，才特别有此一问。后世遂用"丙吉问牛"，来形容身居要职者，关心的是根本大节之事，更以"斗伤何足问，牛喘更堪虞"来比喻天人关系与人事之轻重。

冬至晴暖，春日牛喘，都是先民对传统文化中天地人三才的生动解说。

冬至日与圣诞节

今日西方基督教之圣诞节，定在了每年的 12 月 25 日。而中国传统的冬至节气，则是落在每年的 12 月 21 日或 22 日，相距不远。其实历史上的冬至日与圣诞节，曾经是在同一天。

许多证据显示，新石器时代晚期，处于冬季昼短夜长的北欧地区人口就已经知悉冬至的现象。考古学家在挪威和德国都发现了石器时代有关庆祝冬至的遗迹。而位于英格兰威尔特郡埃姆斯伯里镇附近著名的石头阵，据估计建于距今 4500 年前，其中有一处巨石的摆放就是对准了冬至那天日落的方向。冬至日是一年中白昼最短、黑夜最长的一天，这个独特的天文现象，地球上的人，特别是住在高纬度地区生活的人，都可以直接观察到。

历史上罗马帝国的第四十四任皇帝奥勒良（Aurelianus，270—275 年在位），征服了今日叙利亚境内临近波斯帝国的帕尔米拉（Palmyra）王国；公元 274 年，他把叙利亚的太阳神（Sol）定为诸神之首，并把太阳神庆典定在冬至日（Solstice，意为"太阳停止时"），即当时罗马历法的 12 月 21 日。从此，罗马人每年都从这一天起，连续几日祭祀太阳神及其他诸神。此后，有少数罗马帝国境内的基督教徒开始庆祝耶稣的诞辰，并把这一天也定在了 12 月 21 日即中国的冬至日。公元 4 世纪之后，当时的基督教会为了消除罗马多神崇拜的旧习俗，特意把冬至后数日即罗马历的 12 月 25 日定为耶稣的诞辰。这样，罗马人就可以在那几天里持续欢乐庆祝，而又不至于拜祭异教神灵。也就是说，后起的基督教用传说中的圣诞节替代了原来的冬至日太阳神祭祀与狂欢。

冬至日神以降福，人以物享；而天地有序，世间有爱。

（二）小满

"夏满芒夏暑相连"，小满是夏季的第二个节气。此时太阳运行到黄经60°，公历落在 5 月 20 或 21 号。《月令七十二候集解》说："小满者，物至于此小得盈满。"小满的名字，寓意着夏熟作物的籽粒开始灌浆饱满，但还未完全成熟，故为小满。小满也分为三候：第一候苦菜秀，第二候靡草死，第三候小暑至。意思是说到了小满节气，苦菜生长枝叶繁盛，而喜阴的小草类在烈日下枯死，麦子开始成熟。

小满这一节气，也被民间认为是蚕神娘娘的诞辰日。传统中国社会，男耕女织，这织就是养蚕纺织了。《史记·五帝本纪》中说黄帝的原配妻子是少典氏之女，即嫘祖。传说中嫘祖最早发现蚕会结茧吐丝，而丝可以用来纺线织布，民间就将黄帝正妻嫘祖视为蚕神了。传说，黄帝的臣子伯余就拿这些丝织成的绢来做成了衣裳，黄帝本人也利用它来做成帝王的礼帽和礼服。河南巩义附近发掘出的河洛古国遗址中，有一只中国最早的蚕雕作品。这件先民作品，以野猪獠牙雕刻而成，是一条正在吐丝的家蚕形象：背部凸起，头昂尾翘，与蚕吐丝或即将吐丝的造型高度契合。它长 6.4 厘米，宽不足 1 厘米，厚仅 0.1 厘米，是迄今发现的最早与养蚕有关联的实物资料。

在古代，无论是帝王皇室还是人间百姓，都会祭祀蚕神。皇家层面对先蚕嫘祖的祭祀，是由帝王正妃皇后主持的。如《隋书·礼仪志》就记载了北周享先蚕之礼，此礼乃沿袭西周以来的三代仪式与传统。到了明清两代，更在北京城内建有先蚕坛，是皇家专门祭祀嫘祖先蚕的庙宇。此庙在今北海公园东北角，面积 17000 多平方米，为北京的九坛八庙之一，建基于明朝雷霆洪应殿的旧址之上，乾隆七年（1742 年）完工。院内栽有桑树，东面有一条小河，名"浴蚕河"。主殿名"亲蚕殿"，殿内悬挂乾隆御笔的匾额"葛覃遗意"。"葛覃"语出《诗经·周南·葛覃》，取意男女婚姻依时，妇织以助男耕。此庙还悬有一对联："视履六宫基化本，授衣万国佐皇猷。"实切人切事，显皇家气象。清室在每年仲春巳日举行亲蚕礼，由皇后或被派的其他妃嫔到北海先蚕坛祭祀。

至于民间，尤其是南方江浙一带的妇女，会在小满的三候期间举行祈蚕节。民国时期沈云《盛湖竹枝词》中说："先蚕庙里剧登场，男释耕耘女罢桑。只为今朝逢小满，万人空巷斗新妆。"看来，小满日除祭蚕祈福，也一如其他庙会，会以表演来祈求丰年，娱乐百姓。另有俗话云："小满动三车，忙得不知他。"这里的三车指的是水车、油车和最重要的纺车了。小满时节，田里庄稼需要充足水分，农民夜以继日忙着踏水车翻水；收割下来的油菜籽等着农人制成清香四溢的菜籽油；另外幼蚕宝宝也要悉心照料，因为小满前后，蚕开始结茧，养蚕人家要忙着摇动纺车缫丝了。

中国传统文化讲求阴阳平衡、阴阳和合。二十四节气中有很多是节气相对的，如小暑、大暑；小雪、大雪；小寒、大寒。唯独小满之后，没有大满这个节气。这是因为，先民文化更讲究中庸之道。自然界"月盈则亏""物满必倾"，故人间要持盈保泰，行中庸才是最好的生活之道。二十四节气中只有小满节气没有大满节气的道理，正在于此。

曾国藩曾咏小满："花未全开月未圆，半山微醉尽余欢。何须多虑盈亏事，终归小满盛完全。"正是历经沧桑，顺天应时的人生大智慧。

（三）七夕乞巧节

夏历的七月七日，是民间传统的七夕乞巧节。这一节日，其实也与嫘祖先蚕的传说有关。

七夕，并不是中国历法中的节气，它如同端午、中秋、重阳一样，只是一个中国传统节日。古人观察天象，发现每年夏历的七月黄昏，天空中的织女星升上一年中的最高点，清晰可见。织女星又与两旁两颗较暗的星形成一个朝东方开口的样子，由此东望，依稀可见牛郎星。到了夏历的八月，织女星往西滑落，而牛郎星则升上天顶，看上去宛若牛郎星在追逐织女星一般。久而久之，古人就把它们幻想成一对夫妻，牛郎织女鹊桥相会的男女爱情故事由此而来。

唐代大诗人杜甫"牵牛出河西，织女处其东。万古永相望，七夕谁见同"的句子道出了七夕的真意与悲情。人间男耕女织，天上牛郎织女的爱情传说，随后又演变成了董永的故事，董永孝行感天，而有仙女下凡，在人间与之结为永好。在这牛郎织女的爱情故事中，从此既有了男女爱欲，还有了"孝子不匮，永赐尔类"的伦理励志情节。

此后这一传说与神话故事一再演变，夏历的七月七日就又变成了织女星的诞辰，民间遂称之为"七姐诞"，织女星七姐诞遂成了女性专属的女红节日。古代的女性平时要做女红要纺织，没有不希望自己心灵手巧的。故七夕"乞巧节"之名，也正是由此而来。

清人富察敦崇所著《燕京岁时记》中，就记载了清代民间的乞巧习俗："京师闺阁，于七月七日以碗水暴日下，各投小针，浮之水面，徐视水底日影，或散如花，动如云……因以卜女之巧拙。俗谓之丢针儿。"可见这一习俗，一直在民间流行。作家唐鲁孙先生，在他的散文集《天下味》中详细记载了清代宫中女子过乞巧节的细节："七夕佳节，宫中也是顶重视的，据说在六朝和隋唐时代，乞巧节就在宫廷里盛行。满洲有一种风俗，在七夕前一天。用一个瓷缸，盛上清水，把缸放在院子里，承接夜晚天上落下来的露水，这种水叫乾坤水。到了第二天，当新月初升，星斗出齐的时候，凡是在宫廷里未出阁的小儿女，不分尊卑，各人都捡些细小的松针，围在瓷缸前面乞巧，这个名称叫掷花针。把松针掷在水里，等松针浮上来，看看下面映出的影子，是什么样，就可以判断这个人乞到巧了没有。假如水里影儿纤细清楚，就是天孙赐福传给灵巧，相反，水里影儿弯曲粗壮，那就是没有乞到巧。乞过巧就该祭仙啦，祭仙多半是在御花园堆秀山上，除了时鲜瓜果之外，几张方桌摆满了都是妃嫔宫娥钩心斗巧做的牛郎织女穿戴衣饰用具，诸如牛郎戴的斗笠、织女手中的云帚，笠不容指，帚不逾寸，黼黻绮绣，迷离耀眼，等于开了一次针黹比赛大会。"唐先生是满族镶红旗的后裔，所言晚清皇宫乞巧节的习俗，定当信而有征。其内容虽然描述的是清代皇宫内的乞巧仪式，想来与民间习俗，当不是差异太大。

1997年香港回归前，香港大屿山存有一间七姐庙。笔者在大学求学时期，曾特别去采访庙中老人与当地妇女，记录了这些年老妇人依时祭拜七姐和乞巧的习俗。唯今夕何夕，不知庙宇依然存否。尤为可悲的是，近年来，由台湾地区开始，渐及大陆全境，七夕乞巧节竟被宣传成了"中国情人节"，取其男女相会之意，而行以商业买卖之实。至于远古先民心中，朴实无华的男耕女织思想，百行孝先的伦理大义，则真是"万古永相忘"了。

民间曾经有这样一则有味笑话："七仙女奉天命下凡嫁与孝子董永。送行的其他仙女们临别叮嘱七姐说，你去到人间，若打听到还有行孝的，尽快捎个信儿上来。"语虽不经，却可喻道。

丁

"庙"不可言

河南新郑黄帝陵

海内外华人多自称"炎黄子孙"，即炎帝与黄帝之后裔，故对黄帝之祭祀，也非常重视。

河南灵宝市西的黄帝庙、河南新安县北部石井乡荆紫山上的黄帝庙、河南新郑市西南的轩辕庙、河北易县北的黄帝庙、山西阳曲县阪泉山的黄帝庙、山西曲阳县洪危山的轩辕庙、山西高平市张庄村的黄帝庙、广州北飞霞山上的黄帝庙、浙江缙云山天柱峰下的黄帝祠宇、陕西潼关县东乡阳平镇的黄帝庙、河北涿鹿县东南的黄帝庙、甘肃庆阳西川菩萨山上的轩辕庙、北京平谷县渔子山上的轩辕庙等都是比较著名的黄帝轩辕庙。这些历史遗存或新建的黄帝轩辕庙，代表了华夏儿女对人文始祖黄帝的认同与崇敬。

《史记·五帝本纪》中记载："黄帝者，少典之子。"《史记集解》中则进一步解释说："有熊国君，少典之子也。有熊，今河南新郑是也。"今天的河南新郑，自汉代就建有轩辕故里祠，历代迭修。到了明穆宗隆庆四年（1570年）曾于祠前建轩辕桥。清康熙五十四年（1715年），新郑县令许朝柱于祠前立"轩辕故里"碑。而河南新郑的轩辕庙，相传为明代以前所建。庙坐西向东，为三间石殿，大殿全部由青石板砌成，内供轩辕黄帝老年坐像一尊。门楣上刻有五帝时的象形文字，左月右日，以象征天地阴阳对称，也正是将黄帝作为华夏始祖来祭祀。今日的河南新郑市轩辕庙，已经成为当地著名的旅游景区。

台湾的庙宇门神

在台湾地区，主祀黄帝的庙宇不多。少数几座也均是在1949年后重新建成的。如台北市大同区黄帝宫，是1973年被正式核准的轩辕庙，各地之分支机构也多名为黄帝神宫。日常仪式为早晚诵经、祷告，年度有三次节庆大典，分别是夏历1月1日祭天、3月3日黄帝圣诞、9月9日黄帝升天，这三日实行斋戒、三献礼。然而无论从历史沿革还是庙宇建筑、匠师风格等各方面，台湾的黄帝庙都不能和台湾其他传统庙宇相比。

在台湾，与黄帝神话最有关的庙宇文化，是门神彩绘画。传说，黄帝不仅统治神国，在下方人间，黄帝也统治着鬼国。前文提到的他的臣下后土就是鬼国的国王。那些游荡在人间的鬼，黄帝就指派神荼和郁垒两兄去统领。这两兄弟一起住在东海的桃都山上，山上有一棵大桃树，枝干盘曲荫盖了三千里的地方。树顶上站立着一只金鸡，当太阳的第一缕光线照在它身上，且听到扶桑树上的玉鸡鸣叫的时候，它也会跟着一起鸣叫。神荼和郁垒就在桃树东北的树枝间的一座鬼门下面，威风凛凛地把守着，检查那些从人间游荡回来的形形色色、大大小小的鬼。后世人间就根据这个传说，把神荼和郁垒两兄弟，想象成抵御邪魔妖怪的民间门神了。

台湾的庙宇门神中，除了尉迟恭秦叔宝外，神荼和郁垒是最常见的神明形象，新北市三芝北星真武宝殿就有台湾画师刘家正所画神荼、郁垒门神像；鹿港天后宫有郭新林先生所绘神荼、郁垒像，宜兰传艺中心文昌祠有潘岳雄先生所绘神荼、郁垒门神像。

颛顼

·

绝地天通　人间祭祀

甲
神话传说

帝高阳之苗裔兮

朕皇考曰伯庸，

摄提贞于孟陬兮，

惟庚寅吾以降

——屈原：《离骚》

这是屈原在自序其家世：我原是天帝高阳氏的后裔，先父的号是伯庸，太岁在寅的那一年正月，庚寅日那一天我降生。

屈原的先祖，是天帝高阳，高阳是民间传说中的另外一个大神颛顼。相传，他是继黄帝之后，统治天上与人间的又一个天神。高阳就是颛顼在人间所兴起之地，传说在今河南开封市杞县东南一带。太史公在《史记·五帝本纪》中所说："帝颛顼高阳者，黄帝之孙而昌意之子也。"从人间谱系来看，颛顼是黄帝轩辕氏的文孙。据《史记·楚世家》记载，楚国开国先祖其人间世系是这样的：黄帝生昌意，昌意生颛顼，颛顼生称，称生卷章，卷章生重黎。重黎弟吴回生陆终，陆终生了六个儿子，第六子叫季连。季连芈姓，即楚国的先祖。而屈原，则是楚王的同姓，同出自颛顼。因此屈原在《离骚》中追溯先世，自道是颛顼高阳氏的后裔，是真实可信的。

中国远古神话故事中，黄帝之前的神话人物，如盘古、女娲、伏羲、神农等其传说内容都是较虚幻的天神之故事。但在黄帝及其之后的传说人物，如颛顼、尧、舜等人间帝王，其传说则越来越接近人间信史了。在任何民族的远古神话中，人类英雄都具有神性，同时这些神灵也都具备人性，也可说就是人神共体，人神不分。

神话传说中的大神颛顼，他的故事是这样的：他生于若水（大概在今四川省境内），后来住在空桑，这个空桑，也就是本篇后附《少皞》讲到的"穷桑"，因一棵万丈高的大桑树而得名。关于颛顼的样子，史籍中似乎没有留下什么特别的记载，只有《山海经》留下了一段关于颛顼生父"韩流"（或作"干荒"）样貌的描述，说颛顼的生父"擢首、谨耳、人面、豕喙、麟身、渠股、豚止"。以现代的眼光来看，颛顼父亲的样子大概是长长的脖子，光光的头，人的脸，野猪般的长嘴，麒麟般的身子以及猪一般的脚。所以就有古人说"颛顼"的意思其实就是指他的头长得像父亲"韩流"。总之颛顼大神的样貌是与众不同的。颛顼手下还有一个辅佐他的属神，叫作禺强，又称元冥。此神人面鸟身，耳朵上还挂着两条青蛇，脚下也各踩着一条青蛇。而且，排起谱系辈分来，他还是颛顼的叔父辈。

传说，在颛顼统治天上和人间之前，人与神是随时可以沟通往来的。神可以轻松下界，人也可以努力上天，神与人之间自由交流。或者说，天上与人间，应该是有道路可以相通的。而此种道路，就是所谓的"天梯"了。天梯一般以高山的面目出现，例如前文《黄帝篇》中的昆仑山；又或者以建木形式出现，即前文《伏羲篇》中都广之野的那棵巨大无比的神木。也就是说，在遥远的上古，人可以直接借助天梯——高山或者树木，去找神仙游玩聊天，神仙或许也是借着天梯，降临人间。神和人之间似乎并非完全隔绝的。

传说，在黄帝与蚩尤的多年战争结束后，黄帝虽然活捉并杀死了蚩尤，平息了神界人界共同参与的乱事，其心中自然有些不快，于是就把中央天帝的宝座传给了其孙颛顼，让他代行神权，管理天界与人间。接掌神权后的颛顼，或许有鉴其祖父黄帝与蚩尤的战争教训，觉得神和人如果不分出界限，继续沟通往来，尤其如蚩尤那样，还鼓动人间苗民来与黄帝作对，就会造成天界与人间的大混乱，必须予以制止，杜绝类似的战争事件再次发生。于是颛顼就指派自己的孙子重和黎，把地与天

（注意：是地与天而非天与地），即人与神之间的通路阻断了。使得人再也不能随便上天直接与神往来。重就专门管理天与神，黎就专门管理地与人。从此地与天相通之道路断绝，地与天人与神，开始分治。颛顼作为天上与人间的大神，"绝地天通"是他做的最著名的一件事情。至于重与黎是如何隔断地天之间的道路——是削平昆仑山，还是拔断建木，神话中却没有具体说清。我们只知道自从隔断了地天交通之后，地上的人类确实再也无法自行上天直接与神沟通了。地与天，即人与神之间的交流，从此要靠代表上天统治人间的帝王，又或是具有特殊身份的中间人如巫，来作为媒介了。

颛顼"绝地天通"的传说，在上古历史中似乎确实产生了极大影响。公元前515—前489年在位的楚昭王，虽身为颛顼与重黎的后裔，却似乎因为年代久远，连他自己都不是很清楚其先祖颛顼"绝地天通"的故事内容了。有一天他自己特别向臣下观射父问了这样一个问题：《周书》（案：即《尚书·吕刑》）上所说的颛顼令重和黎使天地无法相通，是怎么回事？如果不是这样，难道人是能随便升天吗？观射父详细向楚昭王解释了"绝地天通"、神人之间的祭祀关系，并说明了神人分治的由来。这段对话表明，直到战国时代，时人依然相信这个历史传说以及非常重视这个传说的历史意义，因为它带给人间的影响极其深远深刻。

楚王与观射父对话的这段历史故实，在《尚书》与《国语》中都较详细的记载，留待本篇《文史典故》一章中再予以讨论，此处不赘。

大神颛顼，除了"绝地天通"的神迹，他还有一项凡人没有的大本事，就是可以洞悉日月星辰运行，体察天地山川万物之情，并调理四时五行之气。如此看来，颛顼不仅承继了其祖父黄帝的中央天帝之位，更是遗传了其祖父黄帝通晓天文历算的本事。所以太史公说"（颛顼）载时以象天，依鬼神以制义，治气以教化，洁诚以祭祀"。而这最后一句"洁诚以祭祀"，其实也就是观射父向楚昭王进言的重点：从此之后，与神沟通，不能再通过天梯直达，而是需要借助特殊的人特殊的工具特殊的仪式，来请神降临赐福。东汉班固《白虎通》卷二《号》"三皇五帝"条中说："谓之颛顼何？颛者，专也。项者，正也。能专正天人之道，故谓之颛顼也。"笔者以为，"正天人之道"这一解释，最能得颛顼作为人间帝王的意义。

颛顼断绝了地与天、人与神之间直接沟通的道路与途径，从此人想与神沟通，就必须"洁诚以祭祀"。进而言之，绝地天通之后，人神已经分享而治，不相侵渎。而人间如果需要祭祀，除了借助帝王这一媒介，还需要特别的工具，历法就是其中之一。黄帝发明，颛顼相沿的天人历法，指示了人间帝王或者巫，每年在何时适合与神明沟通，向神明祈福。所谓"正天人之道"，其义正在此。所以颛顼以及颛顼之后裔，均"敬授人时"，世代掌管天文历法之职。

除了教晓人间如何洁诚祭祀之外，传说颛顼还发明制作了音乐。故事说颛顼在少年的时候，受叔父少昊的影响，便已经喜爱音乐。当颛顼自己作了中央天帝之后，心情更是愉悦，他听见天风吹过的声音，熙熙凄凄，铿铿锵锵，非常好听也非常喜欢，就叫天上的属神飞龙仿效这特别的风声，作出一曲八方之音，命其名曰"承云"，并用此曲来祭祀自己的祖父黄帝。此外，颛顼还发现在天神中有一个叫作"猪婆龙"的，长相如同短嘴巴鳄鱼一样，身体有一两丈长，四只脚，背上和尾巴上有坚硬厚实的鳞甲，他会用尾巴敲打自己凸出来的白而发光的大肚皮，发出"冬冬—英英—英英—冬冬"的非常美妙的声音，颛顼因此便任命猪婆龙做了天上的乐师。

颛顼在生时，"绝地天通"、教民祭祀并创制音乐，他死后也有一段复苏的神奇的故事。《山海经·大荒西经》中，就记载了颛顼死后的神话："有鱼偏枯，名曰鱼妇。颛顼死即复苏。风道北来，天乃大水泉，蛇乃化为鱼，是为鱼妇。颛顼死即复苏。"是说颛顼死后，化作了鱼妇，也就是今天所谓的半人半鱼的美人鱼。至于颛顼为何在死后化作了鱼妇，《山海经》的解释是说因为大风从北边刮过来，天上又落下大水，蛇就变作了鱼，颛顼此时死而复苏，与之合体而成为半体为鱼半体为人的人鱼。至于是哪个半身为人，哪个半身为鱼，神话中没有说。但是我们根据本书《女娲篇》与《伏羲篇》的故事，知道神话传说中伏羲和女娲也是人面蛇身的形象，而蛇身更是神奇的生育象征，故颛顼死后化作鱼妇，其意也当与此有关吧。《山海经》中还记载了不少其他人面蛇身的神与怪物，如《海内北经》的古天神贰负、《海内经》的延维（委蛇）等。中国远古神话故事中半人半兽的形象，皆当有其渊源所自，由来已久，非全属妄言。

颛顼的后代子孙中，有神，有人，还有疫鬼。《史记》记载重黎是世掌历法的神人神职；《左传》记载说台骀是颛顼的后代，在春秋时代做了晋国境内汾水之神。此外民间还传说，颛顼有三个儿子，像他们死去的父亲一样，也都会死而复生，但是却都变成了危害人间的疫鬼。其中一个居住在江水，变作疟疾鬼，散布疟疾病菌给世间，叫人一遇上就会染上疟疾这种病；其中一个居住在若水（案：即传说中颛顼的出生地），变作魍魉，会发出人的声音在山川间迷惑人们，让人迷失方向，走不出山林；还有一个变作小儿鬼，偷偷住在人家的屋角内，吓家中的小孩子。这三种死而复生的鬼都是害人的东西。颛顼还有一个怪物儿子，叫作梼杌（楚国的史书就叫《梼杌》），又叫作傲狠。据讲就是一只野兽般的怪物，形状像老虎而比老虎大得多，全身有两尺多长的毛，人脸，虎足，猪嘴，性情野蛮凶顽。梼杌的长相，尤其是猪嘴，不知是不是也遗传了一些其祖父"寒流""人面，豕喙，豚止"的基因。总之颛顼的鬼神后裔中，确实也有些不肖子。

至于颛顼在人间的后裔，就贤良多了。如夏朝的先祖鲧，《大戴礼记·帝系》中明言他是颛顼的后代，也就是说楚国的屈原和夏禹同源。相传夏禹的父亲鲧当初想解决人间水患，就是从天上偷得了一种名"息壤"的神奇泥土。而告知鲧去偷息壤的，居然是一只猫头鹰和一只乌龟。所以屈原在《天问》中说："鸱龟曳衔，鲧何听焉？"鲧听了猫头鹰与乌龟的话，偷了息壤，在人间建筑堤坝以障洪水。修好的堤障蜿蜒盘错，看上去就像好多只神龟首尾牵咬，连绵起伏。所以上古先民相信，最早人类居住的城池，就是这样仿照动物的形态修建而成的。在仰韶文化遗址中，确实也出土过一件著名的陶器"陶鹰尊"。先民或许自古便和屈原一样，知蛇、鸱、龟之类动物具有神秘性，因而将其用作氏族的图腾或守护神。

夏禹、屈原之先人，同是颛顼的后代，或许因此屈原知道许多鲧的秘密。这也似乎解释了为何《天问》篇中，叙述记载夏代的历史传说最为翔实。

我们总观本书所论炎帝、黄帝、颛顼等大神的传说故事，再依据《大戴礼记》以及司马迁《史记》所序人间帝王世系，明白了颛顼、虞舜、夏禹、楚王等本是一系之帝王，均为黄帝长子昌意之后；而帝喾、唐尧、商人之祖、周人之祖等又是一系之帝王，均是黄帝次子玄嚣之后。古人所谓帝王天命，如果按照这一谱系来看，不过是黄帝家族内部的禅让而已。

如果我们相信自己确是炎黄子孙，那么神话传说可谓不远史实，天上人间，也本是一家了。

乙
文史典故

洁诚祭祀

颛顼"绝地天通"的神话故事，具体内容和细节是什么，从历史学文献学角度来看，早已无从考证。但是这一神话事件本身，早在春秋时期就非常流行，在《尚书》《国语》等早期儒家文献中均有记载。这也就说明了古人相信"绝地天通"，对人间产生过重大影响。

前文已述，《国语·楚语》中详细记载了春秋楚昭王（前515—前489年在位）君臣对"绝地天通"这一事件的讨论，盖因为楚宗室乃是颛顼之后裔，对这段神话传说的来源与内容，相当了解，也必有所依据。书中记载的这段对话，没有直接解释"绝地天通"这一事件，而是重点讨论了发生之后，人间的应对方法：洁诚祭祀。兹先分摘录原文，再一一予以说明和讨论。

楚昭王问观射父："《周书》所谓重、黎实使天地不通者，何也？若无然，民将能登天乎？"此处《周书》即指《尚书·吕刑》。和我们今人的疑惑一样，楚昭王是在问：如果不是重与黎隔绝了地天，人类就可以随便通过登昆仑山或者登建木之类的天梯自己爬上天去吗？

观射父回答："非此之谓也。古者民神不杂。民之精爽不携贰者，而又能齐肃衷正，其智能上下比义，其圣能光远宣朗，其明能光照之，其聪能听彻之，如是则明神降之，在男曰觋，在女曰巫。"

观射父的回答是说，《周书》所指的"绝地天通"，不是下民无法再直接登天的意思。其意思是指，古时候民和神不混杂。下民中精神专注、集中，而且又能恭敬中正的人，他们的才智能使天地上下各得其宜，他们的圣明能光芒远射，他们的目光明亮能洞察一切，他们的听觉灵敏能通达四方，这样神明就降临到他那里，这些人中，男的称为觋，女的称作巫。观射父在此没有直接回答楚昭王的问题，而是将这一年代久远的神话传说，落实在现实之中，清楚界定了神人之间的中介：巫觋。

观射父回答："是使制神之处位次主，而为之牲器时服，而后使先圣之后之有光烈，而能知山川之号、高祖之主、宗庙之事、昭穆之世、齐敬之勤、礼节之宜、威仪之则、容貌之崇、忠信之质、禋洁之服，而敬恭明神者，以为之祝。使名姓之后，能知四时之生、牺牲之物、玉帛之类、采服之仪、彝器之量、次主之度、屏摄之位、坛场之所、上下之神、氏姓之出，而心率旧典者为之宗。"

观射父是说，让这些人制定神所处的祭位和尊卑先后，规定祭祀用的牲畜、祭器和服饰，然后让先圣的后代中有功德的，能懂得山川的名位、祖庙的神主、宗庙的事务、昭穆的次序、礼节的得当、威仪的规则、容貌的修饰、忠信诚实、祭服洁净，而且能恭敬神明的人担任太祝。让那些有名的家族的后代，能懂得四时生长、祭祀用的牲畜、玉帛的种类、采服的礼仪、祭器的多少、尊卑的先后、祭祀的位置、设坛的所处、上上下下的神灵、姓与氏的出处，而且能遵循旧法的人，让他们担任宗长之位。观射父此段是讲出巫觋的具体职能和作用。

观射父回答说："于是乎有天地神民类物之官，是谓五官，各司其序，不相乱也。民是以能有忠信，神是以能有明德，民神异业，敬而不渎。故神降之嘉生，民以物享，祸灾不至，求用不匮。"

观射父是说：于是就有了掌管天、地、民、神、物的官员，这就是五官，各自主管自己的职事，不相杂乱。而这样做最重要的结果和影响，就是"百姓因此能讲忠信，神灵因此能有明德，民和神的事不相混同，恭敬而不轻慢，所以神灵降福，谷物生长，百姓把食物献祭给神，祸乱灾害无虞，财用也不匮乏"。此处揭示出人间祭祀之重要意义。

观射父的回答，其实是提出了这样一个道理与问题：颛顼"绝地天通"神话重点与背后意义，不是人能不能再登天直接与神沟通，而是在"绝地天通"后，它的人间意义何在？也正如《左传》所强调的那样，彼时"国之大事，在祀与戎"。祭祀对于国君和国家来说，才是一等一的大事。且关于"祭祀"，观射父讲出了至少两层含义：一是人间要享祀丰洁。主次位置、四时祭品、礼器规格、礼服仪容，一律都需要端正整洁。二是神明唯德是依。祭祀者的身份地位、道德智慧，决定了神如何祈福降福，以及是否有验于人间。祭祀，才是天、地、人三才之间，人与神之间最重要的沟通手段。

故此有学者研究认为，这次"绝地天通"，地天分治，其实意味着上古时代的一次重大宗教改革，甚至思想启蒙（参余英时《论天人之际》）。从原始政教关系层面来看，似乎在颛顼以前，每个人都可以随便沟通神明，即是祭祀神灵；每个氏族部落似乎也都有祭祀天帝的权利，彼时的宗教活动也并没有专人负责，在那个时候，所有人在经济和政治上的地位是平等的。转而言之，或许是人神之间太易沟通，当时天上之神，因此缺乏了神圣性，影响了人间对神的虔诚，降低了神权的威严。所以颛顼决定收回人间这种平等权利，转任专人负责祭祀，其实也就是等同于隔断了普通人直接向上天祈福的平等权利。从这个意义上来理解颛顼"绝地天通"的神话，倒是有合理之处。观射父回答楚昭王之问，正是由此而发。

人神沟通之道，迨至明末建州女真建国，在其习俗中，依然可见。清礼亲王昭梿的《啸亭杂录》云："国家起自辽沈，有设杆祭天之礼。又总祀社稷诸神祇于静室，名曰堂子。实与古明堂会祀群神之制相符，犹沿古礼也。"清代堂子究竟祭祀哪些神明，官方的记载及学者的研究，均有不同。然而树立高大木杆以通于天神祈福的祭天之礼，就颇有颛顼"绝地天通"神话的遗意。此立杆祭天的"堂子"，据学者考订，"乃建州人家所共奉之神，犹之乎跳神也"（孟森《清代堂子所祀邓将军考》，收入《明清史论著集刊》）。而满族人之跳神，其实就是民间人与神尝试沟通的一种仪式（参《啸亭杂录》卷九"满洲跳神仪"条）。所以皇太极崇德元年（1636年）建国号曰清，帝制甫定，即令官员庶人等设立堂子致祭者，永行停止。我们参照楚昭王与观射父之问答，固明皇太极之意当是想效颛顼"绝地天通"之举，将祭天之礼，尊为皇家独有，不允许官民之家私设，即不许私自与神沟通。北京城原崇文区花市大街附近，曾有上堂子胡同、下堂子胡同，不知是否即清代民间遗留之祭神之所，然诚如清人震钧《天咫偶闻》一书所言："满洲地近朝鲜，此实三代之遗礼……虽行之久，未必无讹，然大端具在。"

"绝地天通"后，颛顼让重、黎恢复原来的神、人秩序，彼此不再互相侵犯轻慢，所以观射父接下来说，此后"尧复育重黎之后，不忘旧者，使复典之。以至于夏、商，故重、黎氏世叙天地，而别其分主者也。其在周，程伯休父其后也，当宣王时，失其官守，而为司马氏"。我们由此段文字得知颛顼、重黎这一世系家族，从此世掌神人秩序即祭祀与天文历法之职。太史公司马迁父子就是出于这一世系。司马谈、司马迁父子，两代掌历法之职，居太史之官，所以《史记》中《律书》《历书》《天官书》与《封禅书》等诸篇，就是史家如实记录人间帝王如何"洁诚祭祀",即如何在"绝地天通"之后,依照历法来依时祭祀诸神的。

此后,东汉班固《汉书》中的《律历志》《郊祀志》,乃承袭与补充《太史公书》诸篇,记录人间如何"承天之序"。《史记·封禅书》开篇引《尚书》,明舜以天子祭祀天地山川;班固《汉书·郊祀志》,则记载太初以前事并袭用司马迁《封禅书》原文,然而班固在此处却特别补充了颛顼"绝地天通"及重、黎分司天地这一段历史故实,且更详细解释了与之相关的祭祀来源和含义。如此,班孟坚此《郊祀志》一篇,实在是补充了太史公未竟之意,将人间祭祀的历史传承与渊源,清楚说明了。

总之,颛顼的"绝地天通"的神话传说,古人一直深信不疑,此事在宗教层面与思想层面的影响,更是至深且巨。当专职沟通天地的神职人员巫觋或天子,拥有了上通天神的大本领后,无疑让他们较其他人更能掌握知识与权利。所以,由祭祀分工而引致的文明起源,也可以说就是人类脑力知识——思想的起源。从这个意义来看,颛顼"绝地天通"的神话,似乎暗示了一个伟大的哲学问题:人类思想从哪里来?

巫史同源

颛顼"绝地天通"之后,人间有了专门负责沟通人神的专职人员巫觋，即观射父所言"如是则明神降之，在男曰觋，在女曰巫"。

巫觋除了以龟蓍卜筮，在祭祀沟通人神时，还会使用到"牺牲之物、玉帛之类"，这里的玉，就是指玉质礼器了。出土文物与考古研究，也证实了在"绝地天通"之后，礼器的大量使用。苏秉琦先生在其《中华文明起源新探》一书中讲道："至迟开始于公元前三千年中期的良渚文化，处于五帝时代的前后之间，即'绝地天通'的颛顼时代。良渚文化发现的带有墓葬的祭坛和以琮为中心的玉礼器系统，应是宗教已步入一个新阶段的标志。"更特别明确指出：良渚文化中玉器与觋女的相互关系，其意义同样重要："（良渚）瑶山等地墓葬最值得重视的现象，是琮、钺共为一人的随葬物，显示神、军权集于一人的事实。玉琮是专用的祭天礼器，设计的样子是天人交流……在对天说话、与天交流，已成最高礼仪，只有一人，天字第一号人物才能有此权利……这与传说中颛顼的'绝地天通'是一致的。"可见，良渚玉器文化的考古发现，居然为我们揭示了颛顼"绝地天通"的史实与意义，神话传说与文献实物，确如碱艾之相得。

祭祀山川神祇用的礼器，尤其是礼器中的琮，其形制内圆外方中空，应当就是代表了天圆地方的概念，中间的穿孔则表示天地之间的沟通。而从孔中穿过的棍子就是天地柱，其暗含的意思自然就是天梯了。这也就是清楚解释了在神人分治之后，人间如何通过祭祀礼器，向上天敬礼祈福。而有资格进行此一"洁诚祭祀"的，自然就是观射父所说的巫觋。他们敬授天时，借助神器，沟通天地。前引考古学的研究更明确说明：玉琮等神器在四千年前已经为神职人员所专用，说明当时社会确实已经产生了脑力与体力之分工。玉器礼器绝不是一般日用品与装饰品，因为没有社会分工，就生产不出玉器礼器；没有社会分化，也不需要神器即礼器性质的玉器。我们今日所言文化与文明的起源，恰恰就是从社会分工与阶级形成开始的。

巫觋除了主持卜筮仪式，还要负责将卜筮内容结果等记录下来。据《说文解字》"史，记事者也"，是掌文书者，谓之史（参王国维《释史》，见《观堂集林》）。我们由本书前文内容已知，史之职掌，还有天文历算之学。巫史同源之说，也正是来源于此。故太史公在《报任安书》中自况云："天文星历，近乎卜祝之间。"

筮人筮时，将所要筮之事告于蓍，称为"命蓍"。筮人将他们的筮事记录，分别写在筮书六十四卦的卦爻之下，逐渐累积，就成为今日所见《周易》卦爻辞的一部分了。《周礼·春官·宗伯》所言"掌三易"之人，就是筮人或者太卜。所以我们今日读到的卦辞、爻辞内容，除筮事之记录外，还包含了不少确实可信的历史事实，例如《左传》中就记载了周太史卜筮得观卦与否卦，以此推得陈敬仲完篡齐之事。至于巫沟通天地的另外一种方式卜，即占卜"命龟"。我们今日见到的甲骨文，其内容就是卜辞了。学者曾经利用地下出土的大量商代甲骨卜辞，考证出商代的神话传说确为信史（参王国维《殷卜辞中所见先公先王考》）。

降至春秋战国时代，巫史的身份依然高度重合。屈原就是楚国的一个巫师，同时也负责掌管楚国的文书典籍。屈原在《九歌·东皇太一》中就具体描述了"巫"的形象与职能："吉日兮辰良，穆将愉兮上皇。灵偃蹇兮姣服，芳菲菲兮满堂。"屈原按照天文历法，择取吉日良辰，肃穆地顶礼上苍。穿着华服，满室香草，香味绵远。他的另一作品《天问》，更是以传天道之数的羲和世官身份，问尽宇宙间万物之起源，质疑幽邈不测之天道，为我们留下了近乎史诗般的不朽之作。其中原因，当然是因为屈原具有巫和史的双重身份，世守其职，博通渊深。

到了汉代，司马迁父子世袭太史之职，同屈原一样，熟知天文历算之学。《太史公自序》中说"重黎氏世序天地"，即颛顼的后裔重黎这一世系的后裔，历代掌管历法。太史公在《史记·天官书》中详细列明了这一谱系："昔之传天数者：高辛（案：即帝喾）之前，重黎；于唐虞，羲和；有夏，昆吾；殷商，巫咸；周室，史佚。"昆吾是楚国之先祖，重黎则为太史公之先祖。

《周礼·春官·宗伯》中"大史"条载："此官与小史，掌典法礼籍，兼司星历之官。"由此可略见巫史之同源同祖。

除了《周易》与卜辞，《山海经》一书也记录了颇多上古巫觋的活动，从另一个层面辅证了巫史同源这一历史事实。甚至还有学者以为，《山海经》可能就是一部巫书，它就是由古代巫师留传下来，再经战国初年至汉代初年楚国或者楚地的人们与巫师，共同加以整理编写而成的（参袁珂《山海经校注》）。如《山海经》中的《五藏山经》其实就是巫师对于诸山山神的祭祀。而《北山经》所言"凡北山经之首，自单狐之山至于堤山，凡二十五山，五千四百九十里，其神皆人面蛇身。其祠之，毛用一雄鸡彘瘗，吉玉用一珪"，就清楚记录了祭祀山神的仪式及仪式中需要用到的祭祀用品。此段《山海经》文，可说是对楚昭王观射父对话内容的最佳注解。又如《海经大荒西经》记载："有灵山，巫咸、巫即、巫盼、巫彭……十巫，从此升降，百药爰在。"这灵山当即是巫山，古灵与巫本一字。而"灵山"应该就是人间通于天上神界的天梯，群巫于此处上下于天，一如本书《伏羲篇》中的建木，《黄帝篇》中的昆仑山。

当代学者张光直先生在其《美术神话与祭祀》一书中，对商周两代考古、神话等的研究，更有助我们理解巫史同源的这一问题。张氏主要论点：首先，商周统治阶层菁英普遍相信天乃上帝、神祇、祖先魂灵的居所，他们共同持有关于人间事物的所有智慧。其次，所有这些智慧无非就是对人间事务的预知。再次，由于取得天之智慧对于政治权威至关重要，人间君王遂将与天沟通收为自己独有的特权。第四，巫师是唯一能够沟通天的特殊群体。以此，巫成为人间君王最信赖的助手，而帝王实际上便是"群巫之长"。最后，巫师与神祇、祖灵的交通并非随机随时发生，而是需要凭借某种特定仪式，同时仪式还需要种类繁多的道具工具。可见，自颛顼绝地天通以来，及至商周两代，作为祭祀天地的媒介之一，巫的身份与作用，一直都非常重要。以上，也均说明颛顼的"绝地天通"，确实对后来宗教思想产生了巨大的影响。

总而言之，上古时代，巫的地位与职能均十分重要。诸如天文历算、降神祭祀、预言占卜、医祝除疫等，均是"巫觋"世袭之职。而我们熟知的史职，譬如天人历算、预言占卜等，均与巫觋所掌同源而出。在颛顼绝地天通之后，帝王、巫觋垄断了天人之间沟通的职能。降至春秋战国，巫觋沟通天人的垄断地位又逐渐被新兴的社会阶层打破：人间史官的地位愈发重要。此后巫、史遂又同时官失其守，诸子百家学说乃乘此兴起。

然而"绝地天通"后，人间的"人"与"仁"的思辨，却为我们揭示了中国人文思想之发端。

世界行公历　华人纪夏时

我们在《黄帝篇》中已经讲到，黄帝"考订星历，建立五行，起消息，正闰余"，于是人间"各司其序，不相乱也。民是以能有信，神是以能有明德"。这是在总说历法的作用，可以使得天上人间互不侵乱。作为黄帝的继位者，大神颛顼绝地天通之后，又以天文历算与祭祀之礼"专正天人之道"。颛顼作为黄帝后裔，作为人间帝王，对天文历算的贡献，同样重要。

人间想要祭祀，就必须依照历法。故自颛顼以来，历代人间帝王均十分重视天文历算之学。唐尧在位，令颛顼的后人羲、和，专门掌管天文历法之职："明时正度，则阴阳调，风雨节。"尧禅位虞舜，诫舜曰"天之历数在尔躬"。而舜作为颛顼的后裔，自然熟知天文历法，及至舜禅位给同是颛顼后裔的夏禹，也是发出了同样的申诫。据《汉书·律历志》记载，自黄帝发明历法以来，战国初期曾经出现过的历法有《黄帝历》《颛顼历》《夏历》《殷历》《周历》及《鲁历》等，史称"古六历"，其中黄帝、颛顼在位时对天文历法的贡献执掌，我们从前文有所了解。至于班固所列举的《夏历》《殷历》《周历》《鲁历》这四部历法，具体内容已经不得而知。但我们知道夏商周三代之历，主要的分别在于"正朔"，即司马迁所言"王者易姓受命，必慎始初，改正朔"之正朔。

"正"，是指每年的岁首之月，称为正月。中国古代历法有"三正"之说，其说始见于春秋后期。《左传·昭公十七年》（前525年）："火出，于夏为三月，于商为四月，于周为五月。"天上的火星昏见，本在同一天文时间，夏商周三代却落在不同月份，这说明三代历法的岁首（即正月）不同，即是说夏、商、周三代历法以哪月作为一年的开始不同。夏朝以一月建寅月为正月（夏正），商朝以十二月建丑月为正月（商正），周朝以十一月建子月为正月（周正）。

"朔"，是指每月的首日。《左传·文公六年》（前621年）记载："（鲁文公）闰月不告朔，非礼也。闰以正时，时以作事，事以厚生，生民之道于是乎在矣。不告闰朔，弃时政也，何以为民。"所谓告朔，即每月朔日（初一）于太庙祭祀神明祖先。天子诸侯在"告朔"之后，还要听治此月之政事，古人谓之"听朔"或"视朔"。可见历法与政治政令的关系，至为重要。所以《左传》作者说：君王不告朔就是"弃时政也"，就无法治理人民。依时听政，正是《礼记·月令》之取意。

春秋战国时期，诸国各行其历。大致来讲周鲁行周正，齐晋行夏正，秦楚则以建亥（十月）为岁首。秦始皇统一中原后，继续以夏历十月为正月岁首，秦朝所行的历法就是班固《汉书·律历志》中称引的《颛顼历》了。《汉书·艺文志》中记载历谱十八家，其中有"《颛顼历》二十一卷、《颛顼五星历》十四卷"，班固是这样解释历谱的："历谱者，序四时之位，正分至之节，会日月五星之辰，以考寒暑杀生之实。故圣王必正历数，以定三统服色之制。"汉初高祖刘邦得天下后，袭秦之正朔服色，因此汉朝以汉元年（前206年）的十月为岁首。到了汉武帝太初元年（前104年），中间经历了约百年时间，才再改正朔。汉武帝改以建寅月一月为岁首正月，即以夏历一月为每年新岁之始。此一正朔，至今日依然使用遵行。所以华人世界民间社会一直所用的历法，就是"夏正""夏历"了。

《大戴礼记》中的《夏小正》一篇，传说就是夏代的历法遗存，是迄今最古老的历书。夏历不同于西方太阳历的地方在于：夏历同时考虑到太阳及月球运动，兼顾了年、月周期的配合，是为阴阳合历。又因中国以农立国，农民常依此历进行农事，故又称为农民历（农历）。

王者改正朔，是为了因时施教。《礼记·月令》详细记录三代帝王遵照一年十二个月所行的政令，而且还特别按照夏历十二个月的顺序，详细载了自然、星宿、大地生物的相应变化，反映了上古先民对早期岁时气候的认识。然而无论是《礼记·月令》，还是《大戴礼记·夏小正》，都没有出现我们今天熟悉的，最为完整的二十四节气名称。完整的二十四节气名称，出现在汉代淮南王刘安所编著的《淮南子·天文训》中。

《淮南子·天文训》篇中的二十四节气，是以冬至节气为起始的："日行一度，十五日为一节，以生二十四时之变。斗指子则冬至。"冬至后，每隔十五日为一节气，依次为小寒、大寒、立春、雨水、惊蛰、春分、清明、谷雨、立夏、小满、芒种、夏至、小暑、大暑、立秋、处暑、白露、秋分、寒露、霜降、立冬、小雪、大雪。此后古人又将二十四节气神明化，依照远古神话故事及日常习惯，赋予每一个节气一个代表神。例如冬至的节气神是黄帝，以纪念其发明历法；春分的节气神是女娲，以象征其高禖身份；惊蛰的节气神是雷公，以象征雷与闪电之重要，诸如此类。而节气与物候的对应，即二十四节气与传统的农业生产的密切关联，更是代表了华夏民族以农立国，顺应天时，以尽人力的朴素生活观。

二十四节气既然在传统华人社会中地位如此重要，那古人又是如何确定二十四节气的呢？首先，二十四节气中，唯有冬至日百分百对应月份为建子月（十一月），即公历的 12 月。且冬至日日影最短最易准确量度，所以一旦确定了冬至日，也就可以顺序推定出其他节气了。这也就是古人为何如此看重冬至的原因了（有关冬至日，参看本书《黄帝篇》，此不赘述）。其次，是用平气规则来测定二十四节气。清代以前常用此方法。将冬至日到下年冬至日之间的时间（约365日），分为24段（每段约15日），每段起始于一个节气。从立春到立夏前为春季，从立夏到立秋前为夏季，从立秋到立冬前为秋季，从立冬到立春前为冬季。二十四节气中，冬至、大寒、雨水、春分、谷雨、小满、夏至、大暑、处暑、秋分、霜降、小雪为"中气"，并以此来确定月份。例如冬至所在月份为冬月、大寒所在月份为腊月、雨水所在月份为正月、春分所在月份为二月、以此类推。

清代以后，随着天文历算学的进步，还学会了用定气之法来更准确推定二十四节气。此前，古人用平气法确定二十四节气，两节气之间的日数虽然相同，但是却与实际天象即日、月、地球之运行规律不相吻合。所以清初以后，就改用平分黄道长度之法确定二十四节气了。方法是从地球上观测，太阳一年里在恒星间经过的轨道，称之为"黄道"。太阳环绕黄道运行一周的时间长度为一个回归年，并以360°黄经来量度。将360°平均分成24等份，一份等于15°。春分时为0°，每隔15°为一个节气，二十四节气分别对应于太阳在黄道上每运行15°所到达之位置。这种平分黄道长度确定二十四节气的方法，称为定气。以定气法推定二十四节气，一直沿用至今。（见下表）

表1：二十四节气表

	节气	公历	黄经	中气	公历	黄经	中气对应夏历之月份
一	立春	2月3/4日	315°	雨水	2月18/19日	330°	正月、寅月
二	惊蛰	3月5/6日	345°	春分	3月20/21日	0°	二月、卯月
三	清明	4月4/5日	15°	谷雨	4月19/20日	30°	三月、辰月
四	立夏	5月5/6日	45°	小满	5月20/21日	60°	四月、巳月
五	芒种	6月5/6日	75°	夏至	6月20/21日	90°	五月、午月
六	小暑	7月6/7日	105°	大暑	7月22/23日	120°	六月、未月
七	立秋	8月7/8日	135°	处暑	8月22/23日	150°	七月、申月
八	白露	9月7/8日	165°	秋分	9月22/23日	180°	八月、酉月
九	寒露	10月7/8日	195°	霜降	10月23/24日	210°	九月、戌月
十	立冬	11月7/8日	225°	小雪	11月21/22日	240°	十月、亥月
十一	大雪	12月6/7日	255°	冬至	12月21/22日	270°	冬月、子月
十二	小寒	1月5/6日	280°	大寒	1月19/20日	295°	腊月、丑月

古人将二十四节气依照太阳所行黄经轨道，平均对应了夏历的每个月份，节气属阳历，朔望属阴历，二者结合，体现了中国古代历法的阴阳合历的特点。

由此可见，这些神话传说，不仅揭橥了天文历算的神秘性与重要性，其他如历法与祭祀之关系、历谱与史书之关系、岁时与习俗之关系，渊源所自，均可源此寻见。

丙

四时人间

大寒与腊月

与颛顼神话相关的四时节气，是腊月大寒。

蜡与臘

蜡，读曰乍，蜡祭是指祭祀天上诸神。臘，读曰腊，臘祭是指祭祀人间先祖。

此二祭在上古原本不同，如《左传·僖公五年》（前655年）载宫之奇语"虞不臘矣"，证明春秋时期，依然有臘祭之礼存在。古代先民会在每年的最后一个冬月，行此二祭。故夏历的最后一个冬月十二月，就被称为"臘月"了。简体字"蜡"与"臘"均作"腊"字。《周礼》中说"夏曰清祀，殷曰嘉平，周曰蜡，秦曰臘"，揭示了腊月的来源与演变。

两汉以后，蜡祭与臘祭，即祭百神与祭先祖之礼，渐渐合一，蜡与臘，也渐渐混用了，如今简体字写作"腊月"，正是合而取之，则也不无道理。上古蜡祭与臘祭，要选在腊月即十二月中的一日，历代似乎皆有所变动，各依正朔，择吉日良辰而行之。汉代腊月祭祀的日期，是定在了冬至日后的第三个戌日。

举例而言，以天干地支六十甲子纪日法推算，2019 年冬至日在公历 12 日 22 日，第三个戌日为壬戌日，公历就落在 2020 年 1 月 20 日，此日又刚好是二十四节气中的大寒节气。

其中蜡祭祭祀的神明，据汉儒传解，约有八个，包含了神农、堤防神等种种与农业耕作密切相关的神祇。也正是因为蜡祭举行的时间是在冬季年终，人间休作，刚好适合先民对农业诸神举行答谢祈福之礼，所以它如同一场人间盛典般受到民间百姓的重视。孔老夫子就曾经参加了一次鲁国的蜡祭，从而发出了"大道小康"的感慨。此外，孔子的得意门徒子贡在观看完一次蜡祭后，更对全民若狂的快乐场面与情绪颇为不解。对此，孔子给了"一张一弛，文武之道"的解惑。由此可见，蜡祭仪式与气氛，在春秋时代曾经是特别盛大。

然而自元明时代起，腊月腊祭就已经不受官方重视了。清乾隆十年（1745 年），清廷更是下诏"罢腊祭"。从此"腊日"及相关的祭祀习俗也就消失了。近代以来，取代"腊日"而逐渐被华人熟悉的节日，是"腊八"。但腊八绝非中国传统节日，它源自佛教，是佛教传入中土并逐渐兴盛，腊八才慢慢成为中国传统的民俗节日之一。

大傩驱疫

在中国传统的节日习俗中，与腊月或者腊日有关的是大傩驱疫。"大傩"的本意，是驱除妖魔鬼怪及各种瘟疫毒虫。被民间厌恶、驱除的鬼怪中，就包含了本书《颛顼篇》中讲到的大神颛顼在人间的三个儿子。他们死后分别变成了疟疾鬼、魍魉鬼和小儿鬼祸害人间。大傩仪式举行的日期，就在每年"腊日"的前一天，如果按照汉代习俗，2020 年若举办"大傩"驱疫仪式，应该选在 2020 年 1 月 19 日。

史书记载，公元前 11 世纪的西周时代，就有"傩"这一祭祀仪式了。《后汉书·礼仪志》详细描述了汉代宫廷中"大傩"驱疫的过程，书中记载：负责驱鬼的主神是装扮威武的方相氏，找人头上戴上大的假面具，有四只金光闪闪的眼睛，背上披了熊皮，穿黑衣红裙。左手执戈，右手持盾，在前面开路（案：今日日本庙宇之中，所扮之方相氏，依然保留了此状貌）。方相氏后面是十二个人披毛戴角，装扮作奇形怪状的野兽的模样，其中有一只叫作"穷奇"的怪兽，是传说中天神少昊的儿子，是颛顼的堂兄弟。《山海经》里形容其"状如虎，有翼"，和另外一只称为"腾根"的野兽专门负责吃掉毒害人间的蛊。在他们之后，是 120 个 10 岁以上 12 岁以下的小孩子充当的"侲子"。他们头上包了红帕子，身上穿了黑色罗衫，手里拿了大摇鼓，咕咚咕咚一路摇。这一队驱妖逐疫的队伍，就由宫室执事人员及宦官带领，在宫殿中巡游，并一路献唱。他们的歌词，大意是说：我们有十二个神人，要把害人的鬼怪和毒虫捉住，捉住后就烧焦你们的身体，拉断你们的躯干四肢，斩碎你们的肉，抽出你们的肝肺胃肠。你们不赶快逃走的话，捉住你们就当成食粮。侲子唱完，就由方相氏和十二只怪兽再跳舞呼叫。周游三遍之后，就打着火把，将所有捉到的鬼、疫送出去宫殿大门，再由门外的卫士骑士，接替火把，一直跑到洛阳城外的洛水去，将火把纷纷丢进洛水里面，让洛水把这些鬼怪蛊疫统统冲走。如此，汉代宫廷中的"大傩"驱疫仪式才算结束。

在民间，此种驱鬼逐疫的习俗也一直流传下来。早在南北朝时代，专门记载中国长江中下游地区民间习俗的《荆楚岁时记》一书，就记录了当时人在腊月戴上胡人模样的面具，再找人打扮成金刚力士的模样，打着腰鼓，驱除给人间带来疾病灾害的鬼怪。《荆楚岁时记》专门记载中国长江中游地区的民间习俗。这一仪式传至宋代，"大傩"祭典又有所改良，杂糅了当时戏曲的形式与内容：如方相氏、侲子、十二兽等原始角色，已由将军、门神、判官、钟馗、土地神、灶神所代替，参与的总人数可多达千余人。降至明、清两朝至，"大傩"更是已发展为专门戴面具表演的戏曲形式，广泛流传在中国各民族、各地区，即今日所见之傩戏傩舞。甚至有些地区"傩"更与气功、武术等中国传统文化相结合，出现在民间祭祀活动中。今日福建三明市泰宁县大源乡的傩舞就非常出名。

香港大坑火龙

傩舞驱疫这一古祭祀仪式，在今日的香港华人社会中，也有传统民俗活动能继承其意。每年八月十五中秋节香港铜锣湾大坑舞火龙，就是其一。

香港岛铜锣湾大坑村，自古就是广东五华（今属梅州市）等地客家人移民香港后的聚居之地。家族中古老相传，清光绪五年（1879年）中秋节前夕的一晚，台风吹袭，大坑村内有一条大蟒蛇吞食村内的家畜，被村民合力打死于破屋内。翌日台风过后，大蟒蛇尸体失踪，大坑村就发生了瘟疫，多名村民病亡。当彼时，有村中父老表示获菩萨报梦，于中秋佳节舞火龙绕村游行，同时燃放炮竹，便可驱瘟疫。村民依照此梦此法，果然躲过了大瘟疫。今日看来，应当就是因为爆竹内含有硫磺、白药等成分，加上香火香灰，在一定程度上起到了抑制病毒、净化空气的功效。大坑村的疫情居然被有效控制住了，从此每年中秋节前后三日，大坑的居民都会沿袭先祖传统，扎制火龙，焚香燃炮，巡行全村，祈求平安。

大坑中秋祈福所扎之火龙、游行之仪式等，各具特色，暗合古礼。所扎龙身全长约67米，分成32节，先以粗麻绳扎成龙骨，再用珍珠草（以前用稻草）扎成龙身。龙头由藤条屈曲为骨架；龙牙以锯齿的铁片造成；双眼是手电筒；舌头是漆红的木片。带引舞龙的一对珠球则是两个插满线香的沙田柚。扎好的火龙先在大坑具有百年历史的庙宇莲花宫中点睛开光，再于草龙身上插满点燃的柱香。负责舞火龙的传统上均是大坑街坊居民中的男青年，负责参与巡游的，还有身穿传统中式服装、手持彩色花灯的男女小童。燃满香烛的火龙灯笼队伍，会途经大坑周围浣纱街、京街、书馆街等多条街道，最后回到浣纱街拔去龙身上的燃香，并将火龙身上烧剩的柱香派送给大坑街坊及游客市民，共求平安。八月十四、十五、十六连续三晚的舞龙完毕后，就会把龙身送至铜锣湾避风塘，抛去海底，以示"龙归天"，这样才正式结束舞火龙驱瘟疫的仪式。

从大坑中秋舞火龙这一民俗活动中，我们似乎依然可以清楚看到汉代腊月"大傩"驱疫仪式的影子：如方相氏、鬼神、伥子、游街、瘟疫、丢火把等古老传统的遗存。古人说"存今以证古"，香港大坑火龙，在在演绎了中国传统文化的流播与传承。

"庙"不可言

河南濮阳的二帝陵

传说颛顼作为人间帝王，其出生及其所兴起之地，是在高阳。《白虎通》中说："颛顼有天下，号曰高阳。"清儒陈立所撰《白虎通疏证》中说："是五帝之号，皆以国为氏也。"高阳是地名，也是颛顼统治的国名。故史书称其为"帝颛顼高阳"，就是以地名国名，以"高阳"为帝号的意思。屈原《离骚》中说自己乃"帝高阳之苗裔兮"，即是此意。古高阳，就是今天的河南开封杞县高阳镇。

此外，传说颛顼统治下方，还曾经以古"帝丘"作为其国家的都城。据说颛顼在位七十八年，活到九十八岁逝世，葬于今天濮阳县西南。故濮阳又有"颛顼遗都"和"帝丘"之称。《春秋》已有帝丘的记载，鲁僖公三十一年（前629年），"卫迁于帝丘"。班固《汉书·地理志》："濮阳，卫成公自楚丘徙此。故帝丘，颛顼虚。"宋代司马光主持编定的《资治通鉴》中，还有这样一则记载：唐高宗麟德二年（665年）十一月，高宗至濮阳。问臣下濮阳称之为帝丘，为什么啊？大臣许敬宗于后回答说：颛顼曾经居住在此地，因此称之为帝丘。可见，颛顼曾经居住于古帝丘的传说，至唐代都一直流传。

今日河南濮阳县城西原来就保留有一座共同祭祀颛顼与帝喾（即少昊）的古庙。相传乃是汉代建陵，唐代立庙，宋代起祀。后又经历代多次修葺，曾经的庙堂坐北朝南，中有大殿，东西有廊房，殿内塑有二帝形象，壁绘日月星辰及诸多神像。这壁绘的日月星辰，恐怕正是反映了古人眼中，颛顼与天文历法的关系。一如前文所讲女娲神话中，山西运城高禖庙内的壁画，也正是表现出了女娲与高禖的关系。可惜此古庙与壁画今均已无存。

现在重新修建的颛顼与帝喾二陵，已成为国家 AAA 级景区、河南省重点文物保护单位、河南省文化遗产重点开放景区。

台湾的节气门神

在台湾地区，没有专门祭祀颛顼的庙宇。但颛顼传承历法，与之有关的二十四节气神，却是台湾庙宇中最常见的门神作品。

如台北士林合诚宫、新北市板桥真武庙、中和福和宫、北港朝天宫文昌殿等，都保留有庙宇匠师的彩绘作品。

附：
少皞

少皞即少昊，古称帝俊或帝夋。

传说少昊是颛顼的叔父，他用琴瑟做玩具给颛顼来玩。颛顼长大后自己也做了天帝，这就是《绎史》引《帝王世纪》所说"颛顼生十年而佐少昊，二十而登帝位"的故事了。还有故事说少昊后来就把颛顼幼时的玩具琴瑟，抛弃在了少昊之墟（今山东曲阜一带）东方大海的深壑之中。所以每当夜静月明、碧海无波的时候，从大壑的深处，就会传来一阵阵悠扬悦耳的琴瑟之音。前文已述，在中国上古的神话传说中，伏羲太昊，是春天与东方的神；少昊则是秋天与西方的神。

《拾遗记》卷一《少昊》篇中说：少昊的母亲叫皇娥，原是天上的仙女，住在天上的星宿中辛勤织布直到夜深，劳作余暇，就会乘坐一只仙船，到银河中游玩。她时常驶船到银河西边的尽头，在一个穷桑树下歇息。这穷桑树是一个万丈高的大桑树，桑叶红得像枫叶一样，结出的果实又大又肥，紫色而晶亮；这种一万年才结一次的果实，吃了可以长生不死，青春永驻。皇娥最喜欢到这棵桑树下来盘桓休息。有个少年天神，自称白帝的儿子，想来就是那个早晨在东方上空闪闪发光的启明星，也就是金星。他经常也来到银河桑树下和皇娥调笑戏耍。两人并肩而坐，少年抚瑟，皇娥清歌："天清地旷浩茫茫，万象回薄化无方。涵天荡荡望沧沧，乘桴轻漾着日傍。当共何所至穷桑，心知和乐悦未央。"少年唱答："璇宫夜静当轩织……清歌流畅乐难极……"两人结为夫妇，恩爱无穷。他们还拿来桂树的枝条做船桅，取芬香的薰草做旗帜，还雕刻了一只玉鸠鸟放在船桅上，帮助辨别风的方向，因为传说此种鸠鸟能够辨别一年四季风的方向。所以我们今天看到船桅与屋顶上多有一只"相风鸟"，据说就是这玉鸠鸟的遗制，

皇娥后来为金星生下一个儿子，就是少昊。少昊因其父母在穷桑之处相会，因此又号"穷桑氏"。少昊长大之后，曾经在东方海外归墟这个地方，建立了自己的国家，据《山海经·大荒东经》记载，这个国家就是"少昊之国"。所以《左传·定公四年》（前506年）记载："因商奄之民，命以伯禽而封于少昊之墟。"太史公《鲁周公世家》也采纳此说，以为春秋时期鲁国受封之地，就是传说中的"少昊之墟"，大概即今日的山东半岛一带。近代学者研究也认为，少昊与本书伏羲篇所讲的太昊氏一样，皆是部族名号，非只是个人私名。少昊部族继太昊部族而后起，大略同居于河南山东一带（参傅斯年《民族与古代中

国史》），今山东济南附近，依然保留了"少昊陵"这一古迹。

少昊建立的部族国家，一如其父母的传说，充满了美丽的神话传说色彩。据说这个国家的臣僚百官，尽是各种各样的鸟，可说就是一个鸟的王国。连少昊自己本身的样子，似乎也有一些鸟的原型呢。《左传·昭公十七年》（前557年）记载：当年郯国（在今山东省郯城县）的国君郯子来朝见鲁昭公，鲁昭公问郯子，听说少昊氏以鸟的名字命名他的官员，这是什么原因啊？郯子回答说：少昊是我的先祖，我知道原因。

郯子随即详细解释说，我的先祖当初立国的时候，恰巧有凤凰降落在庭院之中，嘴巴里还含着一颗明珠。先祖就把他捡起来，放在怀里，用它来光照天下。而且凤凰鸟又是神仙之物，知天时。所以就用凤凰来做历正之官（此处的"正"，就是《神农篇》所讲田正之"正"，是官名）；又以燕子、伯劳、鹦雀、锦鸡为凤凰的下属，分别为执掌春、夏、秋、冬四时之官。这是因为燕子春分来巢，秋分则走；伯劳夏至开始鸣叫，冬至则停止；鹦雀立春开始鸣叫，立夏则停止；锦鸡是立秋来，立冬则走。这四种鸟对节气的感应最为明确，古人由此观察而分辨出了节气中的分（春分秋分）、至（夏至冬至）、启（立春立夏）、闭（立秋立冬）。

郯子补充说，还有五种鸟，各因其天性而令其掌管人间之事。传说祝鸠是一种孝鸟，所以就让它来做"司徒"的官，教民行孝。查《诗经·小雅·四牡》中，鸠鸟也确有孝养之鸟的意义。此外《后汉书·礼仪志》"案户"条也记载：汉代赐八十岁以上老者玉鸠丈，因为鸠鸟乃是不噎之鸟，意思是此鸟进食的时候不容易噎到，所以以此物赐给老人，是有祝福健康长寿之意。此外还有王鸠这种鸟，雌雄有别，就让它做"司马"的官，掌管法制，使阴阳有序。又传说布谷鸟心性平均如一，喂养雏鸟，早晨从上喂到下，晚上则从下喂到上，所以就让它做"司空"的官，掌管筑城修路等。又传说老鹰威严勇猛，铁面无私，就让它做了"司寇"的官，掌管刑罚捕抓盗贼。又传说斑鸠这种鸟春来冬去，寓意国家营造有时，就让它做了"司事"的官。此外还有五种野雉，就做了工正之官，分别掌管木工、金工、陶工、皮工、染工等。此外还有九种扈鸟，就做了农正的官，大概就是负责教民耕种。

《左传》中少昊后裔郯子的这段描述，虽然有不少神话想象成分，但是这些禽鸟在现实中的习性以及在神话传说中的相应寓意，都真实反映了上古人间自然与人、官守与职责之间的某种意义关联，同时更是古人政治与人伦思想的一种反映。例如《山海经·西山经》中就记载："长留之山，其神白帝少昊居之。"长留亦作"长流"。北齐颜之推所作《颜氏家训》卷六

《书证》一篇中说："司寇主刑罚，长流之职。"这是因为少昊乃秋天西方之帝，依四时五行之论，秋主刑杀。所以两晋、刘宋以来设长流之官，职责就是抓捕盗贼。史书记载颜之推"世善《周官》《左氏》学"，所以他也一定熟知《左氏春秋》中少昊以鸟名官的神话传说，并由此而推知当代官职名称之由来，称司寇为长流之职，其取义也正与《左传》郯子所言若合符契。

通过《左传》郯子之言，我们不难想到这个少昊，俨如一位百鸟之王，在这个东方海滨的王国里，每当朝堂会典，一定是凤鸟翔集，五色缤纷，声鸣九霄。少昊之后，也是兴起于东方的商民族，其奉祀的祖宗神帝俊，恰恰就是一个鸟头人身的形象。这也无疑说明了少昊帝俊及商民族，是一个崇拜神鸟，或是直接以神鸟为图腾的氏族部落。甲骨文中的"夋"字，就是画作一鸟头人身或者鸟头猴身之物。据《山海经·大荒东经》记载说，这个鸟头人身的大神，可以驯服役使虎、豹、熊、罴这四种猛兽。连《尚书·舜典》中，也同样记载了这段神话传说。《诗经·商颂·玄鸟》中也记载商民族的先祖契，他的母亲有娀氏吞下了燕子产下的卵，生出了他。商民族相信自己源出少昊帝俊，所以后代子孙世世祭祀神鸟。前引王国维《殷卜辞中所见先公先王考》一文考实："（《礼记》）《祭法》殷人禘喾。《鲁语》作殷人禘舜，舜亦当作夋。喾为契父，为商人所自出之帝。故商人禘之。"

及至今日，我们看到出土的商代青铜器上，锻铸了很多变幻莫测的凤纹鸟纹图腾与图像，这正是与少昊氏以鸟名官的神话传说及商民族的起源神话有关。此后周武王伐商纣，周人立国特别分封周公之子伯禽于少昊之墟，就是为了便于统治自古便生活在这一地域的商代遗民。此后周公再次分封天下，又特别封少昊之后裔于莒（在今山东省莒县附近）、于郯（在今山东省郯城县西南），以奉少昊之祀。

少昊帝俊以鸟名官，商祖契降自玄鸟，这个氏族部落一直保留了种种与少昊相关的传说。一如夏部族与伏羲神话有关，周弃部族与神农神话有关，这些传说故事都在人间信史以外，为吾国民族文化，留下了更多绚丽的想象空间。

引申阅读

远古神话，是先经口耳相传，再以文字记载而流传至今的。

中国古代文献是中国文化、中华文明的载体。欲了解中国悠久的历史和文化，就必须要阅读经典文献，即阅读古人用中国文字记录下来的古代文献资料。

中国古代文献大致有两种类型：一是四部书目，一是考古文献。自隋唐以来，中国古代书籍分类主要是经、史、子、集（以甲、乙、丙、丁为序）四部书目分类法。今人熟知的清代《四库全书》就是按照这一标准来分类的。其中经部收录经书，主要是儒家经典，还包含小学类即文字类图书；史部收录历史类图书；子部收录诸子百家以及科技类、宗教类图书；集部收录诗集、文集等。经史子集四部书目，内容其实包含了经学（含哲学）、文字学、历史学、诸子百家之学、宗教学、文学等诸多学术分科。考古文献则指历史上原本被淹没在地下后来被发现的古代文献。主要包含了甲骨文、金文、石刻、简书、帛书等。考古文献与四部书目，共同构成了研究中国历史与中国文化的文本依据。

此篇重点介绍本书曾经征引过的四部书目。

甲部经书

先秦文献中，"经"原可以指各家之书。如《山海经》就是一部地理家巫师之言，而《黄帝内经》则是巫医之言。又《墨子》一书中，有《经》上、下篇，《经说》上、下篇，可见先秦时代墨学的典籍也可称为"经"。《庄子·天运》篇说孔子曾经治《诗》《书》《礼》《乐》《易》《春秋》六经，可见儒家的著作同样也称为"经"。直到汉武帝（前140—前87年在位）罢黜百家、独尊儒术后，儒家的著作才垄断了"经"的称号，地位也提高了。于是"经"也就有了经典、真理与准则的意义。

儒家经典原有六部，经历秦始皇焚书坑儒后《乐书》亡，西汉（前206—公元8）时只剩下五部，就是《易》《书》《诗》《礼》《春秋》，称为"五经"。文献记载这五部经书都经过了孔子（前551—前479）的整理、编订，所以被尊为儒家学派的经典。自汉至宋千余年，历代说经解经之传记，其他儒家学派之著作等，慢慢也被列入儒家经典之中，遂成今日"十三经"之数。这十三经包含了《周易》《尚书》《诗经》《周礼》《仪礼》《礼记》《春秋左氏传》《春秋公羊传》《春秋谷梁传》《论语》《孝经》《尔雅》和《孟子》。

清代大儒阮元（1764—1849）勘刻的《十三经注疏》，汇编校刊了宋代以前历代经师撰著的经学注疏，最为学者所重视。至于元、明以降，《十三经注疏》中未及收录的注疏，尤其是清代学者研究十三经的相关著作，则分别列于下文诸经简介之后。

《周易》

《周易》简称《易》，在成为儒家经典之后，就被尊称《易经》了。《周易》是由《经》《传》两部分组成。《经》凡六十四卦，每卦六爻，卦有卦名卦辞，爻有爻题爻辞。《传》凡《彖》（上下）、《象》（上下）、《文言》《系辞》（上下）、《说卦》《序卦》和《杂卦》七种十篇。《经》的部分大约在西周（前1027—前771）初期便已经编定完成了。到了战国时期（前403—前221），用来说经的《传》，即《易传》（汉代称《周易大传》）部分也都大致成文。《经》《传》既有联系，又有区别，二者共同组成了我们目前看到的《周易》文献。

《周易》原本是一部古代的筮书，即算卦之书。筮人筮时，将所要筮之事告于蓍，叫"命蓍"。筮人将他们的筮事记录，分别写在筮书六十四卦的卦爻之下，逐渐累积，就成为了今日所见《周易》卦爻辞的一部分了。所以说，《易》古经是古代的筮书。

《周易》除了包含了上古朴素的哲学思想。还包含了一些历史事实与上古社会生活诸方面。例如《左传》记载周太史卜得观卦否卦，以此来预测陈敬仲完奔齐的典故，最为人所熟悉。我们在本书《导言》部分，讲到了台北古建筑——陈德星堂，为一私人宗祠。此处的陈姓就是源自陈敬仲完之陈。孔子也确实读过《易》，并以此书为教材，传授弟子。1973年湖南长沙马王堆三号汉墓出土的帛书中，就有《周易》，卷后佚书有很大篇幅是孔子与弟子讨论卦辞爻辞含义的问答记录。《周易》无疑是研究先秦哲学思想的重要参考文献。

　　本书《伏羲篇》讲到，传说大神伏羲发明了八卦；至周文王姬发推演八卦而成六十四卦，且作卦辞；周公姬旦则作了爻辞。这些传说，认为伏羲与八卦，周文王与周公，都和《周易》最后的成书有一定的关系。其说虽无法确然考信，但此传说至少反映出了从八卦到周易的历史演变轨迹，有助于我们了解八卦卦画与卦名、卦辞与爻辞、易传十翼等内容，进而理解上古哲学思想发端以及文明起源等诸问题。

　　历代研究《周易》的著述很多，唐代李鼎祚撰有《周易集解》，清儒李道平（1788—1844）续此书而撰《周易集解纂疏》。南宋大儒朱熹（1130—1200）撰有《周易本义》。

《尚书》

《尚书》者，上古帝王之书也。《尚书》是中国上古历史文件与追述上古历史事件的著作汇编，其《尚书》的记事时间，大约上起唐尧虞舜，下至春秋中期的秦穆公（前659—前621年在位）。至少在孔子生活的时代，已经有《尚书》选编本流传了，因为《论语》中就直接引用了不少《尚书》中语。在"六经皆史"的意义角度，《尚书》是可见的先秦史料中最重要的一部书。

《尚书》最早只称《书》，司马迁《史记》称其为《尚书》。在成为儒家经典之后，《尚书》又被称为《书经》。《尚书》自汉代以来有今古文传本与《尚书》今古文学。今日所见《尚书》版本，是东晋（317—420）初年豫章内史梅赜向朝廷所献，号称由汉代孔安国作传并作《书序》，是今文《尚书》与古文《尚书》的合编本。此后经历代学者考订，知此《伪孔传古文尚书》58篇中，古文部分和孔传都是伪作，是魏晋人的解经之传，今文部分则大致可信。

《尚书·舜典》中记载"（舜）在璇玑玉衡，以齐七政"，今古文同。是说舜体察天文之变，考日、月、五星七政，以审视自己是否应对天意，有资格可继任唐尧之天位，摄政人间。此处的"璇玑"，与我们在《伏羲篇》中讲到"规矩"一节时，所引《汉书·律历志》中的一段话也有很大关联："衡，平也。其在天也，佐助旋机，斟酌建指，以齐七政，故曰玉衡。"此处"旋机"即"璇玑"，"政"即"正"。意思是说北斗名玉衡，佐旋机。可见"历数在尔躬"，当非虚构。上古帝王，欲董理人间，都要先上观天文以察时变，下则应之在身，才有资格当此大位。又如《尧典》所云"寅宾出日"。王先谦《尚书孔传参正》一书，就将其解释为今日岁时习俗中的春分迎日之礼。可见帝王如何运用历法，确实也是《尚书》要特别记录的。此外如本书《伏羲篇》中讲到的"社稷""后稷"传说；帝舜让周祖弃居稷官，"播植百谷"以养百姓这一历史传说，也皆可印证于《尚书》中。

秦始皇焚书之后，汉代重新传授《尚书》的有济南伏生。伏生者，汉代以"生"为学者尊称，所以伏生姓伏。其先祖就是《史记·仲尼弟子列传》中的宓子贱。而宓子贱乃是伏羲之后，宓即"伏"，伏羲之伏。伏生所传《尚书》二十九篇，因用当时通行的隶字书写，是今文《尚书》，两汉均列为官学。

清代研究《尚书》的学者众多，孙星衍（1753—1818）撰《尚书今古文注疏》，皮锡瑞（1850—1908）撰《今文尚书考证》，王先谦（1842—1917）撰《尚书孔传参证》，均代表了清代学者研究《尚书》的水平，其中尤以孙氏之《注疏》最为学界推崇。近现代以来研究《尚书》的著述，以顾颉刚《尚书校释译论》以及陈梦家《尚书通论》最为详明。

《诗经》

《诗经》，在先秦时代称为《诗》，汉代以后称《诗经》。《诗》是周代乐官采集选编的一部周代的诗歌总集，收录了周代诗歌 305 首，分《风》《雅》《颂》三大部分。《诗经》记录的年代上起西周初年（约公元前 11 世纪），下至春秋中期（约公元前 6 世纪），前后约有 500 年之久。《诗经》是中国最早一部诗歌总集，文学成就与史料价值均很高，在文学史和史学史上都有极其重要地位。

汉代传习《诗经》的有四家，其中鲁、齐、韩三家属今文，西汉的时候立于官学；汉代毛亨所传《诗》当时属古文，未立于官学。到了东汉末年，大儒郑玄撰《毛诗故训传笺》，其后郑学受到尊崇，学《毛诗》的人也越来越多。魏晋时代，齐、鲁、韩三家诗或亡或失传，唯有《毛诗》流传了下来。至唐代孔颖达等奉旨撰《五经正义》，其中的《毛诗正义》就是采用毛亨传郑玄笺。我们今天看到的《诗经》，就是《毛诗》传本了。

《诗经》内容包含了古代的神话传说、历史事件与社会制度等。如本书所讲的周祖后稷之出生传说，在《大雅·生民》中就有详细的记载，且《毛诗故训传笺》直言："祀郊禖之时，时则有大神之迹，姜嫄履之。"可见，周人相信先妣姜嫄，就是在野外祭祀高禖求子的时候，踩到了大神的足迹而怀孕的。此外如《周颂·载芟》则详细描述了周人先祖在春季"藉田而祈社稷"的盛大场面；《周颂·良耜》则是记载了周人秋季"报社稷"的祭礼。《诗经》也真实记录了当时的风俗民情。本书《女娲篇》所引《郑风·溱洧》一篇，来说明郑国青年男女，春分日在溱水洧水附近，祭祀求子，约会相奔的习俗。诗曰："溱与洧，方涣涣兮。士与女，方秉蕳兮。女曰'观乎？'士曰'既且'。'且往观乎！洧之外，洵訏且乐。'维士与女，伊其相谑，赠之以芍药。"古代帝王顺应天时，燮理阴阳，故使男女相会，奔者不禁。

孔子重《诗》，更重视《诗》的教化作用。夫子曰"放郑声""郑声淫"。清儒刘宝楠《论语正义》中认为，此"郑声"其实就是郑国之习俗，而不是指《诗经·郑风》中所收的郑国之诗，所见极是。我们在本书《女娲篇》中所引《郑风》诸诗，讨论春分祭祀高媒，确实验证了此论。

宋代大儒朱熹撰有《诗集传》，纠正了《毛诗》的一些未尽之处。清儒方玉润（1811—1883 年）撰《诗经原始》，对《毛诗》和《诗集传》都有所匡正。清代研究《毛诗》的学者与著作，还有陈奂（1786—1863）《诗毛氏传疏》，马瑞辰（1782—1853）《毛诗传笺通释》二书。王先谦《诗三家义集疏》最晚出，汇集了清代诸家对鲁、齐、韩三家诗学说的集佚成果，兼收并蓄，详为疏解，是迄今最完备的三家《诗》读本。今人著作，则以程俊英蒋见元合著《诗经注析》最佳，氏著从文学赏析角度，注释分析《诗经》，读者以此用作《诗经》入门，文学赏析，甚为便利。

《周礼》

《周礼》原名《周官》。它是一部记载周代设官分职的政典。学者现在普遍接受：《周官》既不是周公姬旦所作，也不是西汉末年刘歆伪造，而应当是战国后期学者采取西周时期的官制以及其他原始资料，综合融会编纂而成的一部历史文献。

经过秦代的禁学焚书，《周官》在汉景帝、武帝之际才被重新发现，发现时也是用汉代以前文字写成，所以属于"古文"。西汉末年刘歆利用《周官》附会王莽托古改制，恢复古礼制，提高了《周官》地位，此后得享《周礼》之名。

《周礼》全书以六官为纲，分为天官、地官、春官、夏官、秋官、冬官六大类，每官先标官名，综述职掌，然后再详细分述其下各级官属的官名、爵等、员额以及各自职能。《周礼》是

引申阅读

研究先秦典章制度的重要历史文献。如《春官·宗伯》篇，就详细记载了各类专门职掌国家祭祀、礼仪制度以及典礼活动的职官。其属大卜（又曰卜正），职掌三兆（玉兆、瓦兆、原兆）、三易（连山、归藏、周易）、三梦（致梦、觭梦、咸陟）之事，"以观国家之吉凶，以诏救政"。此外如大祝，则是"掌六祝之辞，以事鬼神，示祈福祥，求永贞"。又如大史掌"建邦之六典"，而"冯相氏"与"保章氏"则为职掌岁时星历历法历书之官。而这些官名官职在本书中都曾引用。

《左传》昭公七年（前535年）记载了卫襄公嬖人生子，臣下卜筮且又参之以梦的典故。我们在《颛顼篇》附《少昊》文中，讲到少皞氏以鸟名官，其中虽然有大量神话传说内容，但是引述的官名职掌确实是商周以来之旧制，如司徒、司马、司寇等，在《周礼》一书中均有明确记载，这与《左传》记载吻合。这也说明，远古神话故事确实反映了上古社会之一面；流传下来的文献典籍如《周官》《左传》等也证实了神话传说的可信。

《周礼》一书的研究，以清代学者孙诒让（1848—1908）所撰《周礼正义》，最为学界所推崇。

《仪礼》与《礼记》

《周礼》《仪礼》《礼记》，又合称三礼。

汉代之后，《仪礼》又被称为《礼经》。《仪礼》的最后编定，应当是在战国末期到汉代初期之间。《仪礼》记载中国古代有关冠、婚、丧、祭、朝聘、乡射等各种礼仪的状况，为学者考察与研究古代亲族关系、宗法思想及各阶层的生活状况，提供了重要的史料。

《礼记》则是解释《仪礼》之书。记，是对经而言，它是解释经的文字。礼学家们在世代传授《礼》的过程中，逐渐积累了解释、说明、补充经文的大量资料，就形成了《记》。汉代传习《礼经》的有戴德、戴圣叔侄，戴德所辑就是《大戴礼记》，戴圣所辑就是《小戴礼记》。流传至今，我们目前看到的《礼记》其实是《小戴礼记》。唐代孔颖达等奉旨撰《五经正义》，《礼记正义》即是《小戴礼记》

《礼记》四十九篇，记述了周王朝为主的秦汉以前的典章、名物、制度，以及自天子以下各等级的冠、昏、丧、祭、燕、享、朝、聘等礼仪。其中《大学》《中庸》两篇，宋儒朱熹使与《论语》《孟子》并列，合称《四书》。而《礼记》中的《月令篇》，除了按照夏正十二月的顺序记录王朝政令所行之外，更是详细记载了十二个月中节气与物候的对应。清儒孙希旦谓此篇"上察天时，下授民事，有唐虞钦若之遗意"，确为的论。

至于向来不受古人重视的《大戴礼记》，至清代，不少学者在校勘与注释方面也都作出了贡献。其中以孔广森（1751—1786）的《大戴礼记补注》和王聘珍（生卒年不详）的《大戴礼记解诂》最为有名。本书《黄帝篇》《颛顼篇》所论黄帝以来人间帝王谱系，就是依据《大戴礼记》中的《五帝德》与《帝系》两篇。尤其是《大戴礼记》中的《夏小正》一篇，相传就是夏朝历法月令的遗文，其地位与《礼记》《月令》篇同样重要。本书所论夏历月令物候关系，二十四节气特征等，多取材于此二篇。

除了上引《大戴礼记》研究，清代学者研究《仪礼》和《礼记》，以孙希旦（1736—1784）《礼记集解》，朱彬（1753—1834）《礼记训纂》，以及胡培翚（1782—1849）《仪礼正义》，最为著名。

《春秋》与《春秋左氏传》

《春秋》本是先秦世代各国官修史书的通称。如周有《春秋》，燕有《春秋》，宋、齐也皆有《春秋》。秦火之后，只有鲁国的《春秋》保存流传了下来，此后《春秋》遂成为了鲁国国史的专称。

鲁国的国史《春秋》，相传经过了孔子的整理与编订，并以此作为传授弟子的教材。《春秋》以年、时、月、日依次记事，是中国最早的编年史；又因为《春秋》是鲁国史官编著的国史，故以当时鲁国十二个国君的纪年为顺序。《春秋》记事年代，始自鲁隐公元年（公元前722年），终于鲁哀公十四年（公元前481年），共计242年间的历史。《春秋》记载的内容，多是政治军事等历史事件，包括征伐、会盟、朝聘、祭祀、日月食等，均是春秋时代的信实记录。自汉代开始，《春秋》就被列于学官，为"五经"之一。

《春秋左氏传》是传授解释《春秋》经的编年史，简称《左氏传》或《左传》。目前学界多接受《左传》大约成书于战国初期，很可能由战国末期楚国的史官左丘明编撰，或者由他口头传授，再由授受的后学书之于简策，编纂成书。《左传》的记事时间，始自鲁隐公元年，与《春秋》同；下至鲁悼公十四年（前453年）晋国赵、魏、韩三家灭智氏，比《春秋》记载的年代更长。《春秋》的纪事十分简略，《左传》则丰富了《春秋》的内容，除了鲁国的历史，还较为详细地记述了郑国、齐国、宋国、晋国、秦国、楚国、吴、越等其他诸侯国的历史。

《春秋左传》中保留了一些春秋以前的传说与历史，为我们研究春秋时代以前的历史与社会，提供了重要的文献资料。如本书所讲大神颛顼，在《左传》中凡五见：文公十八年、昭公八年、昭公十年各一次，昭公十七年两次；颛顼高阳氏一见，文公十八年；还有颛顼氏一见，昭公二十九年。其中文公十八年（前609年），季文子使大史克对鲁文公一段，更详细记载了高阳氏（颛顼）、高辛氏（帝喾）、帝鸿氏（黄帝）、少皞氏等几个帝王的人间族属，保留了不少不见于其他文献资料的历史传说。又如昭公八年（前534年），明确指出舜之后陈，乃是出自颛顼，此与《大戴礼记》所叙黄帝、昌意、颛顼这一帝王世系相符。也为我们解释了为何司马迁作《史记》，将舜之后陈、夏之后杞合为一卷，名《陈杞世家》。这是因为虞舜、夏后传说中均是颛顼之后裔，陈杞同源一家。

《春秋左传》中更保留了不少上古天文历法与祭祀的史料。如本书《神农篇》中讲到的祭祀社稷，就引用到了昭公二十九年（前513年）晋国魏献子与晋国太史蔡墨的一段对话，详细解释了"社"与"稷"的由来。又如本书《黄帝篇》讲到冬至日，就引用了鲁僖公五年（前655年）"春，王正月，辛亥朔，日南至"这则记载。春秋时鲁国使用周正，周王正月即是今夏历十一月，也就是今天冬至日所在之月。这则史料可说是中国历史上观测冬至日的最早文献记录。

而《春秋左传》中保留的古人占卜的记录，则为我们了解先秦时代如何利用龟筮来决疑断难，提供了信实的资料。如本书所引《左传》鲁庄公二十二年（前672年）陈侯使周大史卜筮陈公子完的史料。又如鲁闵公二年（前660年），鲁桓公初筮幼子友出生，《左传》记载："成季之将生也，桓公使卜楚丘之父卜之。曰：'男也。其名曰友，在公之右。间于两社，为公室辅。季氏亡，则鲁不昌。'又筮之，遇《大有》之《乾》，曰：'同复于父，敬如君所。'及生，有文在其手曰'友'，遂以命之。"鲁桓公先卜后筮，而龟筮二者，所显示的预言也大致类似。季友名友，正是因此而来。季氏此后果然世掌鲁国国政，一如《左传》所言。《左传》全书一共记载了十三则筮蓍的实例，对筮蓍的因由、起卦、解卦及应验情况等均有较翔实记述，可见筮蓍在古人的政治生活中多么重要。从这一层次来讲，《春秋左传》无疑也为我们讨论巫史同源，提供了丰富的材料与佐证。

唐代孔颖达等奉旨撰《春秋左传正义》，遵循古人疏不破注之旨，专采东晋杜预著《春秋经传集解》，为之疏解申释。杜注孔疏，此后遂定于一尊。清代学者研究《春秋左传》，洪亮吉（1746—1809）《春秋左传诂》一书，对杜预的训诂多有补正补遗。其他如沈钦韩（1775—1831）《春秋左传补注》，李贻德有《春秋贾服注辑述》，刘文淇（1789—1854）《左传旧注疏证》等，也均是重要之作。今人杨伯峻著《春秋左传注》，虽不明言，但实以杜注孔疏为主，兼收清朝以前历代学者研究成果，并采考古特别是金石资料，详细注解了《左传》，颇利于今人习读。

至于与《春秋左传》合称"春秋三传"的《公羊传》《谷梁传》，其传文对于春秋史事叙述很少，所阐发的多为所谓《春秋》大义，更多杂后世儒家学者的政治思想，对于研究春秋时代历史，二者之文献价值均不如《春秋左传》。

《论语》

《论语》是记录孔子言行的语录体儒家著作。孔子名丘，字仲尼，鲁国陬邑（今山东省曲阜市东南）人。孔子生卒的年代大约在《春秋》十二公中的鲁襄公、鲁昭公、鲁定公、鲁哀公时代。

《论语》记载了孔子关于政治、哲学、教育、伦理、文学等诸多方面的言论，是研究孔子思想和儒家思想不可或缺的资料。《论语》与《左氏春秋》一样，均是研究中国先秦社会史、思想史、文化史的重要信史。且若将二书参照而读，更有相辅相成之益。

《论语》一书虽然重点在阐述孔子之人间礼乐之思想，可是孔子对于祭祀天地鬼神依然是非常虔诚与重视的。《述而》篇记载："子疾病，子路请祷。子曰：'有诸？'子路对曰：'有之。《诔》曰："祷尔于上下神祇"。'子曰：'丘之祷久矣。'"清儒刘宝楠《论语正义》说："夫子平时心存竞业，故恭肃于鬼神，自知无大过，不待有疾然后祷也。"正是道出了鬼神在孔子心中的作用，最得《论语》此章之真义。所谓"子不语怪、力、乱、神"。"不语"，是说孔子不称道不佞而已。但是祭祀天地祭祀鬼神，在孔子心中，始终是国之大事。

《论语·宪问》篇，孔子说"不怨天，不尤人，下学而上达，知我者其天乎?"刘宝楠《论语正义》说："下学上达为作《春秋》之旨，学通于天，故唯天知之。……然亦谓人君精诚格天，则自降之福。是上达为上通于天。"孔子及其门人，下学人事，最终依然是为了要感动上天，降下福祉。古人祭祀天地，祈福人间的思想，到了孔子时代，儒家之流更是坚信不疑。

《论语》一书，也明确记载了孔子对"巫"的态度。《子路》篇也记载："南人有言曰：'人而无恒，不可以作巫医。'不恒其德，或承之羞。"巫与医，在《周官》中均有专门执掌之官，即"司巫"与"医官"是也。二者皆以士为之，世相传授。"不恒其德，或承之羞"，则是语出《周易·恒卦》之辞。孔子十分相信尊重"巫"与"医"，认为所以没有恒心恒德的人是无法担当此官职的，对"巫""医"二者的德行最是肯定。前文所引《黄帝内经》，古人称其为"巫医之言"，自然是毫无贬义。参考本书《颛顼》篇，可知颛顼"绝地天通"后，巫觋地位异常重要，举凡祭祀、卜筮、预言、医祝等，确实均为巫觋之职。

《论语》的注本,除了《十三经注疏》本,还有南宋大儒朱熹的《四书章句集注》,最为历代重视。前引清儒刘宝楠(1791—1855)《论语正义》,则是对三国时期何晏《论语集解》所作的注释,也是迄今为止《论语》注疏水平最高之作,今日欲读懂《论语》,知孔子思想之真谛,朱熹《论语集注》与刘宝楠《论语正义》是必读之作。

《孝经》

《孝经》相传是孔子所作。《汉书·艺文志》曰:"《孝经》者,孔子为曾子陈孝道也。夫孝,天之经,地之义,民之行也。举大者言,故曰《孝经》。"其实《孝经》一书,非一时一人所作。《四库全书总目》以为"其来古矣。然授受无绪,要为七十子徒之遗书",此说极是。《孝经》当是先秦旧籍,而并非出自汉儒之手。

汉人极其重视《孝经》,以致将《孝经》与《春秋》并称。因汉人心中,《春秋》使乱臣贼子惧,《孝经》则重在崇人伦之行。这人伦之行的孝道,是可以通过祭祀天地与祖先来体现的。《孝经·圣治》章说:"孝莫大于严父,严父莫大于配天。昔者周公郊祀后稷,以配天。宗祀文王于明堂,以配上帝。"正是明证。本书所引汉代画像砖中的童子鸠车,《左氏春秋》中少昊氏以鸟名官中的祝鸠，《后汉书·礼仪志》中玉鸠仗，均是古人祭祀天地、百行孝先的人间象征。

汉世所传《孝经》，有今文、古文之分。唐玄宗曾御注《孝经》，又诏臣下元行冲为疏，立于官学，其所尊乃是今文学。今日所传《孝经》，即此本。清儒复兴古学，对《孝经》尤其是对郑玄注尽力搜辑考校。其中，以皮锡瑞（1850—1908）所著《孝经郑注疏》，最为学界称许。

《尔雅》

《尔雅》是中国现存的第一部训诂著作，是古人选辑先秦文献中训诂资料编纂而成的。《尔雅》成书，大概在战国末年，经过了长期积累，非一人一时汇编而成的。《尔雅》，顾名思义，就是用雅正之言，解释古辞、名物、方言与俗语等，使之接近于规范化的标准正言时语。

《尔雅》按照内容分类，可以归纳为五个方面：一是古词语，二是称谓，三是建筑器物，四是天文地理，五是植物与动物。内容包含了社会与自然诸多方面，是了解上古社会与历史的重要参考材料。古代读书人想要读懂先秦儒家经典，就必须自《尔雅》读起。所以自唐代时候起，《尔雅》就著录于经部《论语》《孝经》之后，成为了甲部文献中的另一经典。

本书《颛顼》篇附《少皞》，引用《左氏春秋》中少皞以鸟名官历史故事，其中大部分的鸟名，多可在《尔雅·释鸟》篇中找到对应的训诂。如"祝鸠氏司徒也"。孔颖达《左传正义》指"祝鸠"即《尔雅》中的"鵻"，也称"鸠"。我们已经知道，祝鸠因为不易噎，故以其喻孝，才使其为司徒之官以教民。

历代研究《尔雅》的著作，在晋代有郭璞所著《尔雅音图》，最为近古。清代则以郝懿行（1757—1825）所著《尔雅义疏》，较之他书，资料丰富，疏解翔实，多为学人所推崇。

乙部史书

"史"字本义，指手持简册记事的人，即史官。传说黄帝时就有史官：仓颉，他发明了文字（参本书《黄帝篇》）。至今没有明确的出土文献可以证明夏朝是否曾经设有史官，但是出土的商代甲骨文中已经有"史""大史"等名称，说明到了商朝时已经确定有史官了。降至周王朝，史官的建置已经非常完备，有史、大史、内史、外史、左史、右史等官职（参前引王国维《释史》文）。

史官主要负责记录人间王朝的大事，诸如起草文书、掌管文书等，其中就包括了祭祀卜筮、天文历法等这些重要的国家文书。汉代司马谈、司马迁父子，就是世袭太史之职，明习天文历算之学。《隋书·经籍志》，采用经、史、子、集的图书分类方法，史部之名称才正式确立。本书多处征引的《左氏春秋》《史记》《汉书》等都属于史部著作。到了清代乾隆年间编撰《四库全书总目》，史部更分立了 15 个类目，史书已经多达 3900 多部，8 万多卷。

在此仅简介本书中曾经引用的编年史、纪传史、地理类以及杂史类等史书。

《左氏春秋》

《春秋》与《左氏春秋》本均为编年体裁史书。降至汉代，《春秋》与《左氏春秋》，地位尊显，才成为了经书。

《左氏春秋》前文甲部经书中作过简介，此不赘述。

《史记》与《汉书》

在编年体裁史书之后，有纪传体史书。以本纪、列传等人物传记为主，以志、表综合记载历史的史书编撰体裁，称作"纪传体"。纪传体创始于《史记》。用纪传体体裁撰写的史书，叫作纪传史。《史记》《汉书》都是纪传体史书。

西汉司马迁（生卒年不详，一生盖与汉武帝相终始）编著《史记》（原名《太史公书》），分本纪、表、书、世家、列传等五部分。本纪是帝王传记；表是以表格形式，按时间顺序标列重大史事；书是记载祭祀、军事、天文、历算、经济、文化、地理等各方面制度沿革；世家是封国与诸侯的传记；列传则是历史人物传记，也有四夷民族历史。《史记》记载了从传说中的黄帝到汉武帝之间大约三千年的历史，是一部纪传体的通史。东汉班固（32—92）撰《汉书》，沿袭了《史记》体裁，而改"书"为"志"，并"世家"入列传，成为纪、表、志、传四个部分，记载了西汉（前206—公元8）的历史，是一部纪传体的断代史，此后历代史家撰写纪传体断代史书，大都沿袭《汉书》这一体例。《隋书·经籍志》中说："世有著述，皆拟班马，以为正史。"后世模仿《史记》《汉书》纪传体体裁而写成的历史著作，也称作正史。自《史记》《汉书》，到清代编撰的《明史》，上下四千多年，有二十四部纪传体史书，合称"二十四史"。民国时期《清史稿》修毕，故有合称"二十五史"者。但习惯上仍然将"二十四史"称为正史的总称，且一直沿用到今天。

本书《黄帝篇》讲到黄帝、颛顼以来的人间帝王世系，材料来源主要依据《史记·五帝本纪》；讲到黄帝发明天文历算之法，则依据《史记》中的《历书》和《天官书》；讲到人间帝王祭祀天地神祇，则参考了《史记·封禅书》和《汉书·郊祀志》。至于《伏羲篇》讲到伏羲女娲，讲到权衡规矩，就主要引用了班固《汉书·律历志》内容。至于讲到汉代以前的有关祭祀礼仪与社会风俗，则参考了《后汉书》之《礼仪志》《祭祀志》，以及两唐书《律历志》《天文志》等。总之文中所论，一依正史二十四史资料。

今日常见"二十四史"版本，有民国时期商务印书馆出版的"百衲本"。唯"百衲本"没有新式标点符号，不适合初学者阅读。1958 年开始，中华书局陆续出版了标点本的"二十四史"，其中《史记》，由顾颉刚先生负责点校，是目前最精审的校本，所附顾先生所写《点校后记》一文，更犹如古籍点校教材一般，尤为经典。唯中华书局标点本的《汉书》，只收录了唐代颜师古注，并未收入清儒王先谦所撰《汉书补注》，殊为遗珠之憾。

《逸周书》与《国语》

《逸周书》与《国语》，皆为杂史类先秦史书。杂史不是史书体裁，而是编年史或正史以外的一些历史著作，它只是史部图书的一个类目。

《逸周书》是一部记载西周与春秋时期历史事件的文章汇

编。原名《周书》，传说孔子编撰《尚书》，删除的篇章就被编为了此书，所以叫《逸周书》。《逸周书》乃夏商周三代之遗文，其编撰成书，大概在春秋末期到战国初期间。它的体例与《尚书》类似，也是对研究周王朝历史非常有价值的文献，可与《尚书》并而参看。如《逸周书》中的《周月》篇，较详细地解释了周正之由来；《时训》篇则记载了节气与物候的对应，比起《大戴礼记》中的《夏小正》篇，更加详明完备。

《国语》是一部记载春秋时期史事的国别体史书。所谓国别史，就是分国记事的史书。《国语》全书分八国记事，有周语、鲁语、齐语、晋语、郑语、楚语、吴语与越语。大约编成于战国初年，应该也是非一人一时编纂而成。《国语》记事从西周初期到晋国三家灭智氏，前后五百多年，其中以晋国的史事最多，约占全书的一半篇幅。《国语》可与《左氏春秋》互为表里，对比参看。有些史料更可补《左传》之不足。如本书《颛顼篇》讲到的颛顼"绝地天通"神话，就以《国语·楚语》中的记载最为详瞻，盖因楚人之先，正是出自颛顼。

《逸周书》与《国语》，均有上海古籍出版社出版的标点本。

《山海经》

《山海经》可以算是一部地理类史书。时间、人物、事件与地理，是历史学研究必不可少的四个条件。"地理"一词，最早见于《周易·系辞》，说伏羲发明八卦，乃是"仰以观于天文，俯以察于地理"。这"地理"就是大地上之山川原野，因为各有条理，所以称为"地理"。《尚书》中的《禹贡》篇与《周礼》中的《职方氏》篇可说是最古的地理文献。

《山海经》一书，传说是上古夏禹、伯益所作，实际上应该为周、秦之间，非一人一时的文献汇集。全书十八卷，《山经》五卷：一南山经，二西山经，三北山经，四东山经和五中山经。《海经》十三卷：一海外南经，二海外西经，三海外北经，四海外东经，五海内南经，六海内西经，七海内北经，八海内东经，九大荒东经，十大荒南经，十一大荒西经，十二大荒北经以及十三海内经。

《山海经》之"经"，并非指汉代以来的儒家经典之"经"。此书以山、海为框架，由《山经》《海经》两部分合编而成，合称《山海经》。所以也有学者以为这《山海经》其实就是"山海所经过"之意思，可备一说。《山海经》在体例编排方面，确实具有地理文献的特点，它以山、海名篇，记载了禹域境内的名山大川，计共有山447座，河流大泽258条。在内容叙述方面，五卷《山经》，记载了中国名山大川的动植物，兼及鬼神，且篇末多有祭祀神明时"用雄鸡""用玉"等文字，很可能是古代巫师们所用所习的祈禳之书；十三卷《海经》，则记载了各种神怪变异和远国异人的状貌风俗，保存的中国上古神话资料也最多。

本书所述神话故事，多可在《山海经》一书寻到痕迹与渊源。如《大荒北经》就记载了盘瓠神话与犬戎神话；《大荒西经》则讲到了女神女娲；《海内东经》则透露了雷神与伏羲之渊源；《北山经》中讲到了神农女儿精卫填海的故事；《大荒北经》与《大荒东经》则留下了黄帝与蚩尤的战争记录；《大荒西经》中关于颛顼的神话，与《国语·楚语》所记颛顼"绝地天通"的传说，也几乎完全吻合。近人王国维《殷卜辞中所见先公先王考》一文，就是以出土的甲骨文为资料，考证出《大荒东经》中神话人物：商人先祖"王亥"，确是史实，而非妄说。

《山海经》的注本，以晋代郭璞所注为最早（郭璞还著有《尔雅音图》一书，见前）。清代学者毕沅（1730—1797）有《山海经校本》，郝懿行有《山海经笺疏》（郝氏另有《尔雅义疏》一书，见前）。近人则以袁珂《山海经校注》（上海古籍出版社，1980 年）最为翔实准确。袁珂另有《山海经校译》（上海古籍出版社，1985 年），是将《山海经》译作了现代汉语。

丙部诸子

春秋战国之际，政治制度的陵替直接导致了学术文化的变迁。以前学在官府的制度被打破，民间社会也开始有私人讲学之风了。士人的地位逐渐提高，以前的五等爵位之一"子"遂变成了一般学者的尊称。学者既被尊称为"子"，他们的著作就被称为"诸子之书"了。

《太史公自序》中司马谈"论六家要旨"，将先秦诸子归纳为六家：阴阳、儒、墨、名、法、道德。东汉班固据刘歆《七略》撰《汉书·艺文志》，有《诸子略》，以司马谈六家为基础，增加了纵横、杂、农、小说四家，又说"可观者九家而已"除去了小说家，这就是学术史上的"九流十家"了。《旧唐书·经籍志》与《新唐书·艺文志》，又将道教佛教的著作也都归入子部了。

四部书目中，以子部内容最为庞杂，包括了哲学、科技，含天文历法、数学医学、工艺农业、宗教等诸多方面。古人经以载道，传以翼经，子部之书亦是经传以外，道之支流。

《吕氏春秋》

《吕氏春秋》是秦朝（前 221—前 207）初期，秦国吕不韦及其门下客集体编撰的一部著作。书分十二《纪》、八《览》、六《论》，共 26 卷，此书在当时编撰体例上算是一项创举。吕不韦自谓"为备天地万物古今之事，号曰《吕氏春秋》"，但《隋书·经籍志》将其列入子部杂家类。

清代《四库全书总目》曰："是书较诸子之言独为纯正。大抵以儒家为主而参以道家、墨家，故多引六籍之文与孔子曾子之言。"确是的论。所以冯友兰先生也肯定此书，说"以此书为史，则其所记先哲遗说、古史旧闻，虽片言只字，亦可珍贵"。（见《〈吕氏春秋集释〉序》）

《吕氏春秋》中的十二《纪》：孟春纪、仲春纪、季春纪；孟夏纪、仲夏纪、季夏纪；孟秋纪、仲秋纪、季秋纪；孟冬纪、仲冬纪、季冬纪。其为《礼记·月令》之史料来源。《吕氏春秋》十二《纪》中已经有明确的四季与神明之对应关系。孟春（仲春季春）之月，其帝太皞，其神句芒；孟夏（仲夏季夏）之月，其帝炎帝，其神祝融；孟秋（仲秋季秋）之月，其帝少皞，其神蓐收；孟冬（仲冬季冬）之月，其帝颛顼，其神玄冥；中央土，其帝黄帝，其神后土。此后汉儒抄合十二《纪》内容，置入《礼记》，成为《月令》篇。

近代研究《吕氏春秋》著作中，以许维遹《吕氏春秋集释》最为详明。

《淮南子》

《淮南子》又称《淮南鸿烈》，是西汉（前206—公元8）前期淮南王刘安组织门下客撰写的一部文章汇编。《汉书·艺文志》将其著录在《诸子略》杂家者流。

《淮南子》一书的思想，大抵近于道家，又糅合了儒、法、阴阳等先秦诸家思想，内容包含了思想文化、政治、经济、军事以及天文地理等多方面。《淮南子》论述问题，最大特色就是征引大量史事，以史证理，以事论道，起自上古传说，三皇五帝，下迄汉代，许多重要史事都有论及。《淮南子》也因此成为研究先秦与西汉前期历史的重要参考书目。

《淮南子》一书中就保留了许多远古神话故事，如《览冥篇》保存了女娲补天神话；《天文篇》保存了共工触山的神话等。尤其《天文训》一篇，本书所论天文历法与人间祭祀的关系，岁时节日与社会风俗的关系等，多从中取材。至于传统民间历法中的二十四节气名称，也是最早出现在《淮南子·天文训》一篇中。

近现代研究《淮南子》的著作，有刘文典《淮南鸿烈集解》、何宁《淮南子集释》（中华书局，1998年）。后者更为简明翔实。

《白虎通》

《白虎通》是《白虎通义》的简称，是东汉班固负责编撰整理的。《白虎通》一书主要代表了东汉今文学派思想。记载的内容涉及古代社会政治制度、文化、伦理、社会生活等多个方面。

东汉章帝建初四年（79 年），朝廷下诏在洛阳白虎观召开一次经学研讨会，由汉章帝亲自主持，讲论"五经"即《易》《书》《诗》《礼》《春秋》的异同。因为当时经学已经分为今文经学和古文经学两大派，每一派之内，对同一经的解释又各有不同的家法，而家法经义的分歧造成了后学者无所适从，因此需要由朝廷出面来统一经义。此即所谓讲论"五经同异"：臣下议论各家经义的长短，得出统一的结论。当时由皇帝出题目，由儒者各进其议，官员各司其职，将当时讨论的奏章及其皇帝的批答编辑成一部书，就称为《白虎议奏》。

此后，班固根据这部《白虎议奏》，将"五经同异"的统一结论、皇帝的决断意见等编写成书，就称为《白虎通义》，简称《白虎通》。"通义"或"通"，表示它不是代表今文或古文某一家的看法，而是代表了被政府认可，统一颁行后可供天下参考之经义结论。

本书《神农篇》讲到后土、后稷、社稷等内容，就依据了《白虎通》卷三《社稷》篇之内容。

清儒陈立（1809—1869）撰有《白虎通疏证》，对《白虎通》作了全面的疏解，是目前为止《白虎通》最好的读本。

丁部诗文

集，是指诗文集。《汉书·艺文志》中著录图书，并无"集"名，只有"诗赋略"。至《隋书·经籍志》，集部分楚辞类（如《离骚》）、别集类（如《陶渊明集》）、总集类（如《文选》）三大类，才正式确立了集部的地位。再至清代编撰《四库全书总目》，于《隋书·经籍志》集部的三类之外，又增加了诗文评、词曲两类，集部遂为五类。大概除了经、史、子三部以外，其余都可算作集部之文了。

集部书一向被视为文学作品，但从中也可寻见一些有价值的史料。如《诗经》中不少篇章就记载了周代先祖的历史传说；屈原《天问》一篇更是研究古代神话以及夏代历史传说的重要史料之一。

《楚辞》

集部中的楚辞类，著录了《楚辞》以及研究《楚辞》的著作。楚辞按其本义，本是指战国时期（前 403—前 221）楚国人所作歌词，它是在楚地诗歌基础上形成的一种文学体裁。西汉末年刘向汇辑屈原、宋玉、景差、贾谊、东方朔、王褒等人著作，编成一书，名为《楚辞》。从此《楚辞》成了一部诗歌总集的名称。《楚辞》于是以一书而遂独成一著录类目了。

屈原是战国末期楚国人。其生卒年大概在楚怀王、楚顷襄王之际（约前 343—前 277）。他是楚国同姓宗室，在其《离骚》一文中屈原自述其家世，为帝高阳氏之后，即大神颛顼之后裔。屈原还做过楚怀王的左徒，楚国的左徒之官，类似周之史官，也是兼掌天文历算之职。我们知道传说中颛顼的后人重黎等，本就是司天地之职及掌历算之数。因此屈原的《天问》一篇，就是以这一特殊身份，问尽宇宙间一切事物之渺不可知者，从而欲究天地万物之理。也正是因为这一层特殊的原因，《天问》一篇保留的神话材料也最多，其中有些甚至可视作中国古代神话故事的原始记录，如本书讲到的鲧偷取天上息壤以治水筑城的神话等等。

《楚辞》作为一部文学作品，历来受到学者的重视。近代以游国恩主编《离骚纂义》《天问纂义》二书，最为学界称许。

图书在版编目（CIP）数据

天上人间：禹域神话与岁时令节/李松涛著. —上海：上海
三联书店，2023.12 重印
ISBN 978 - 7 - 5426 - 7839 - 3

Ⅰ. ①天… Ⅱ. ①李… Ⅲ. ①神话－研究－中国－上古
②岁时节令－风俗习惯－研究－中国－古代 Ⅳ. ①B932.2
②K892.18

中国版本图书馆 CIP 数据核字（2022）第 153859 号

天上人间：禹域神话与岁时令节

著 者 / 李松涛

责任编辑 / 吴 慧
装帧设计 / 周伟伟
监 制 / 姚 军
责任校对 / 王凌霄

出版发行／上海三联书店
　　　　　（200030）中国上海市漕溪北路 331 号 A 座 6 楼
邮购电话／021 - 22895540
印 刷／上海盛通时代印刷有限公司

版 次／2023 年 4 月第 1 版
印 次／2023 年 12 月第 2 次印刷
开 本／787mm×1092mm 1/32
字 数／240 千字
印 张／9.5
书 号／ISBN 978 - 7 - 5426 - 7839 - 3/K·684
定 价／50.00 元

敬启读者，如发现本书有印装质量问题，请与印刷厂联系 021 - 37910000